督导专家参加各类本科教学检查交流

专家深入到学院进行教学情况调研

专家对学院实际教学进行考察

专家查看教学档案

专家与学院院长面对面进行交流

专家组在听取学院教学
情况汇报后进行交流

督导专家参加各类本科教学检查交流

专家组在听取学院学年教学情况汇报

专家组在听取学院学年教学情况汇报

专家组在听取学院学年教学情况汇报

专家与学院院长进行面对面交流

专家组在听取学院教学工作汇报后进行交流

督导专家参加各类本科教学检查交流

专家组在听取学院学年教学情况汇报

专家调研后认真研究学院的教学状况

专家组在听取学院学年教学情况汇报

专家组对学院教学情况进行研讨

专家组对学院教学状况认真评价

督导专家参加优秀教学质量奖评审活动

参加学校“优秀教学质量奖”评审

参加学校“优秀教学质量奖”评审

参加学校“优秀教学质量奖”评审

参加学校“优秀教学质量奖”评审

督导专家参加各类本科教学评估与指导

参加学校“双语教学示范课”评审

参加学校“青年教师教学基本功比赛”评审

对参加北京市“青年教师教学基本功比赛”的教师作面对面辅导

对参加北京市“青年教师教学基本功比赛”的教师作面对面辅导

督导专家参加青年教师培训活动

参加青年教师培训工作

对青年教师示范讲课做专家点评

与青年教师面对面交流教学方法

参加青年教师培训验收工作

督导专家参加青年教师培训活动

参加青年教师培训工作

参加青年教师培训工作

校领导为青年教师培养做出突出贡献的
孙景琪专家颁奖

本科教学督导专家周大森、隋允康
教授在教师节上受到表彰

督导专家参加本科生特优毕业设计（论文）答辩与评审

参加本科特优毕业设计（论文）答辩

本科教学督导专家工作会议

参加本科特优毕业设计（论文）答辩

参加本科特优毕业设计（论文）答辩

督导专家组的各类活动与校际交流

本科教学督导专家学习研讨
督导工作

校领导及部处领导参加本科教学督导
专家工作会议

本科教学督导专家集中学习听蔡克
勇报告“21 世纪中国教育走向”

本科教学督导专家工作会议

本科教学督导专家工作会议

督导专家组的各类活动与校际交流

学校为离任的本科教学督导专家颁发
荣誉奖杯表示感谢

学校为新聘专家颁发证书

离任的本科教学督导专家向学校表示敬意

本科教学督导专家工作
研讨会期间合影

督导专家组的各类活动与校际交流

本科教学督导专家工作
研讨会期间合影

本科教学督导专家工作
研讨会期间合影

本科教学督导专家工作
研讨会期间合影

部分本科教学督导专家工作
研讨会期间合影

督导专家组的各类活动与校际交流

本科教学督导专家组到天津大学调研交流

本科教学督导专家组到南开大学调研交流

本科教学督导专家组到厦门大学调研交流

本科教学督导专家组到福州大学调研交流

督导专家组的各类活动与校际交流

北京化工大学本科教学督导专家组
到我校调研交流

太原理工大学本科教学督导专家组
到我校调研交流

黑龙江大学本科教学督导专家组
到我校调研交流

南昌大学本科教学督导专家组
到我校调研交流

督导专家组的各类活动与校际交流

本科教学督导专家浏览河北鸡鸣驿

本科教学督导专家工作会议期间参观
董存瑞家乡

本科教学督导专家工作会议期间
浏览蟒山国家森林公园

本科教学督导专家访问天大－南开期间
滨海参观“基辅”号航母

校外本科教学督导专家到我校
访问题词留念

督导专家参加各类调研活动及获奖情况

2011 年北工大本科教学督导专家组荣获教育部关心下一代工作先进集体

北工大督导专家组 2010 年在全国教育系统关工委大会上受到表彰

2011 年北工大本科教学督导专家组荣获北京教育系统关心下一代工作先进集体

北工大本科教学督导专家组获奖照片

2012 年北工大本科教学督导专家组荣获北京高校离退休干部老有所为先进集体

部分督导专家工作生活照

摄影：李振泉

从继声到继志

——北京工业大学本科教学督导文集

主　编　李振泉
副主编　李宗泳

北京工业大学出版社

内容提要

善歌者使人继其声，善教者使人继其志。北工大作为地方多科性重点大学，一直把本科教学质量视为自己的生命线，非常重视教学质量保障体系中的督导工作，较早成立了本科教学督导专家组，并深入本科教学各环节进行全面教学质量督导工作，建立了具有北工大特色的本科教学质量督导模式。《从继声到继志》一书总结了北工大本科教学督导工作中的课堂教学、青年教师培养、教学方法改革及“传”、“帮”、“带”、“督”与“导”等方面的经验体会，并深入研究了面向21世纪的教学督导方法和内涵建设，旨在高校规模发展的基础上，推动教学改革和教学质量的提高，实现以质量求发展，为学校“十二五”人才培养做出贡献。

本书可作为高校本科教学督导工作的交流资料。

图书在版编目(CIP)数据

从继声到继志：北京工业大学本科教学督导文集/李振泉主编．—北京：北京工业大学出版社，2012.10

ISBN 978-7-5639-3283-2

Ⅰ．①从…　Ⅱ．①李…　Ⅲ．①高等学校—教育视导—北京市—文集　Ⅳ．①G647-53

中国版本图书馆CIP数据核字(2012)第231898号

从继声到继志——北京工业大学本科教学督导文集

主　　编：李振泉
责任编辑：王铁杰　李周辉
封面设计：何　强
出版发行：北京工业大学出版社
（北京市朝阳区平乐园100号　100124）
010-67391722（传真）bgdcbs@sina.com
出 版 人：郝　勇
经销单位：全国各地新华书店
承印单位：徐水宏远印刷有限公司
开　　本：700 mm×1000 mm　1/16
印　　张：12
字　　数：202千字
版　　次：2012年10月第1版
印　　次：2012年10月第1次印刷
标准书号：ISBN 978-7-5639-3283-2
定　　价：28.00元

序

21世纪国内外高校的竞争，其竞争核心是教育教学质量的竞争。《国家中长期教育改革和发展规划纲要（2010－2020）》，为我们描绘了中国未来十年教育改革与发展的宏伟蓝图，“大力发展教育事业是全面建设小康社会、加快推进社会主义现代化、实现中华民族伟大复兴的必由之路”。针对高校的教育教学改革，我们必须从数量规模发展优先考虑，转变为把“质量效益”放在首位加以思考，必须有效地利用校内外教育教学质量保障体系，增加学校的竞争实力，最大化地实现教育教学改革目标。高校中本科教学督导专家在教育教学改革中起到了“传”、“帮”、“带”、“督”与“导”的重要作用，成为教育教学改革的中坚力量。

北京工业大学自20世纪60年代建校以来，较早成立了本科教学督导专家组，其前身是成立于1985年的教授听课组。1990年正式成立了本科教学督导专家组，1995年经调整后的本科教学督导专家组成员由学校和校长聘任。北工大本科教学督导专家组从成立起，一直由一线退下来的校、院学术造诣深、教学水平高、有丰富教育教学经验的老教授组成，现有成员26人。在校领导和教务处的支持下，他们以“老骥伏枥，志在扶‘青’、育‘青’”的精神，活跃在本科教学各个环节督导的岗位上，三十多年来为提高北工大教学水平和教学质量，培养青年学生，扶植青年教师健康成长做出了贡献，在推动尊师重教、教学相长中产生重要影响。

2011年北工大本科教学督导专家组申报的“北京工业大学教学督导的回顾与实践研究”课题被列入北京工业大学教育教学研究课题。作为研究成果，我们编写了这本《从继声到继志——北京工业大学本科教学督导文集》，全书分“本科教学督导的理念与实践”和“论教导学”上下两篇，并以北工大为例探索、研究了面向21世纪的教学督导理念和内涵建设，总结了北工大本科教学督导的经验与体会，希望通过这一交流形式得到兄弟院校专家和老师们的指正，为高校学校“十二五”人才培养做出贡献。

“北京工业大学教学督导的回顾与实践研究”课题组
周大森

序

对我校这部本科教学质量督导论文集，取其名为“从继声到继志”，有我们意味深长的想法。

这个题目是由“善歌者，使人继其声；善教者，使人继其志。”演化而成，它是著名的四书五经中《礼记》里《学记》篇的一句话。

只要阅读一下《学记》就会发现：本篇记述了教与学的目的、功能、方法和效果，因而宋代理学家们极力推崇它，认为除了《中庸》和《大学》之外，唯《礼记》中的《学记》和《乐记》最近于道。

我们知道一些与“善歌者，使人继其声；善教者，使人继其志。”类似的教与学方面脍炙人口的话语，例如：

“玉不琢，不成器；人不学，不知义。”

“虽有佳肴，弗食，不知其旨也；虽有至道，弗学，不知其善也。故学然后知不足，教然后知困。知不足，然后能自反也；知困，然后能自强也。故曰：教学相长也。”

“君子既知教之所由兴，又知教之所由废，然后可以为人师也。”

“学者有四失，教者必知之。人之学也，或失则多，或失则寡，或失则易，或失则止。此四者，心之莫同也。知其心，然后能救其失也，教也者，长善而就其失者也。”

“君子知至学之难易，而知其美恶，然后能博喻；能博喻然后能为师；能为师然后能为长；能为长然后能为君。故师也者，所以学为君也。是故择师不可不慎也。”

“学之道，严师为难。师严然后道尊，道尊然后民知敬学。”

“善学者，师逸而功倍，又从而庸之；不善学者，师勤而功半，又从而怨之。善问者，如攻坚木，先其易者，后其节目，及其久也，相说以解；不善问者反此。善待问者，如撞钟，扣之以小者则小鸣，扣之以大者则大鸣，待其从容，然后尽其声；不善答问者反此。此皆进学之道也。”

……

虽然我们对于上述话语熟知的程度有别，但是都有似曾相识之感。然而未必每一个人都知道它们全都来自《礼记·学记》。作为以教书为神圣使命的教师，把《礼记·学记》当做必读的文献，并不为过。

我们之所以从《学记》中选取“善歌者，使人继其声；善教者，使人继其志。”在于它同上面的论述一样，深深地打动了我们，而且，这一句话与我们的督导文集的宗旨更加贴切。

从表面上看，它说明了一个众所周知的朴素道理：“善于歌唱的人，会使人继续他的歌声；善于教化的人，会使人继续他的志向。”其实挖掘下去，这里面还蕴含有更深刻的意义，这就是“层次上”的道理：能使人继其声的“善歌者”同使人继其志的“善教者”，二者处于不同的层次上面。

如果说“继其声”只是知识、技能上的延续，“继其志”则是志向、心志上的传递，那么，比较“声”与“志”二者，它们的确是位于不同层次或境界上的。为什么会有这种层次或境界的差别呢？这句话本身就含有答案：前者是“善歌者”，后者是“善教者”。如果说“善歌者”须具有才艺的涵养，“善教者”仅有才艺的涵养还不够，他还得有品德的修为。

可见，若是只把前半句看成对于后半句进行比喻的起兴，那就将忽略掉整句话在“层次上”的深刻含义。

在这本论文集作者群里的老先生们，不仅是长期在教学第一线上敬业贡献的老教师们，而且又是在退休前后活跃在督导前沿上的老专家们。老先生们不仅拥有教学经验的日积月累，又富有培育年轻教师的古道热肠。尽管今人文章同古圣先贤的表达大相径庭，但是本质上是能够与之沟通的。

本集中的篇篇论文都印证了“善歌者，使人继其声；善教者，使人继其志。”的厚重道理，每位读者在阅读时是一定能够感受到的。只要肯于思考，对于这句话就会有自己独特的心得体会。

就以“继其声”为例，唱的很像是起码的继其声，可以比喻年轻教师在传授知识上的过关和对于督导专家讲课技巧模仿的“形似”；而掌握了发声的技法是进一步的继其声，可以比喻年轻教师在启迪学生能力上的提升和对于督导专家授课精髓模拟的“神似”。后者的体会别说年轻教师想不到，往往是教了一辈子课的老教师也有可能忽略的问题。

再对“继其志”做一点探讨：谁来继续或继承谁的志向？从一般的教与学两方面观察，当然是学生继续或继承教师的志向；如果把督导专家乃至更多老教师考虑进去，就有了年轻教师继续或继承老教师的志向了。能否做到这两方面，就在于被继续者或被继承者是否具有“善于教育”的水平，而这一高的水平包含德与智两个方面。

如果我们的青年教师们能够同时继承督导专家们的“教学之声”和“教育之志”，那么，可以肯定地说，北京工业大学的整体教学质量必定会有更大的提升！最终受益的将是我们的学生。我希望这个目标应该能够达到，以此将会告慰督导专家们一贯的、孜孜不倦的努力。同时，也将不辜负学生、家长和社会对于我校的厚望。

读者或许注意到我们没有把题目写成《继声与继志》，而是《从继声到继志》，其中的原因有两点：其一，作为老教师，我们也不是一下子领悟到应当同时继承前辈们的“教学之声”和“教育之志”，而是经历了一个认识过程；其二，对于今天的年轻教师，我们希望他们在教学实践中，一步一步地从继声迈向继志，最终达到同时继承前辈们的“教学之声”和“教育之志”。

这里的所说的前辈不仅有曾经对我们每个人传道授业的老师们，还应当上溯到给我们留下丰富精神遗产的古圣先贤们，也包括《礼记》的作者。借在此处写《序》的机会，谨向历代的前辈们致以崇高的敬礼！

北京工业大学本科教学质量督导专家组长
隋允康
写于2012年暑期

前　　言

2012年10月，“第四届北京地区部分高等院校教学督导协作交流会”将在北京工业大学召开。借此机会在北工大本科教学督导专家组倡议和教研项目“北京工业大学教学督导的回顾与实践研究”的支持下，我们编写了《从继声到继志——北京工业大学本科教学督导文集》，并将此书作为一本大会交流资料以飨读者。

这本文集记录了督导专家们工作的心路历程，并记载了他们在青年教师培养、教学方法改革、教学督导等方面的研究与实践成果，它将进一步发扬北工大老教师们热爱教育事业、关心学校发展的优良传统，闻声继其“声”知志继其“志”起到积极的推动作用。

本书分为上下两篇，第一篇主要论述本科教学督导的理念与实践，第二篇主要是论教导学的经验体会。

在文集编写过程中，我们得到了各级领导的大力支持，特别是郭福、李庆丰、周大森等同志和相关职能部门对文集做了精心策划，在此对他们表示诚挚的谢意。同时，还得到了，关心本科教学督导工作的教师和教学管理人员的帮助与支持，在此表示衷心的感谢。尤其要感谢教学督导专家组的各位老专家，他们的每一篇文章都凝聚着对教育事业的忠诚，都有丰富宝贵的教育教学经验的体现。

由于水平有限，时间仓促，作者较多，难免出现错误，敬请读者批评指正。

编　者

2012年9月

目　录

上篇　本科教学督导的理念与实践

下篇　论教导学

上 篇

本科教学督导的理念与实践

北工大本科教学质量督导的构架与实践

郭　福　李振泉　李庆丰　周大森

在教学过程中实行有效的教学督导是保证和不断提高教学质量的重要措施与手段。北工大作为地方多科性重点大学，一直把本科教学质量视为自己的生命线，非常重视教学质量保障体系中的督导工作，较早成立了本科教学督导专家组，并深入本科教学各环节进行全面教学质量督导工作，构架了具有北工大特色的本科教学质量督导模式。

一、构架了本科教学质量督导模式

北工大本科教学督导专家组的前身是成立于1985年的教授组，主要任务是监控课堂教学情况并对提高教学质量提供咨询服务。其后，于1990年正式成立了本科教学督导专家组，主要成员是离退休富有教学和科研经验的老教授、老专家。最初督导专家由教务处统一发放聘书，专家组设组长、副组长若干名，独立开展工作。日常管理挂靠教务处教学质量办公室。2002年10月29日教务处下发文件《北京工业大学本科教学督导专家组工作职责》，2005年7月21日将该文件修改为《北京工业大学本科教学督导工作条例》，并规定每两年根据学校发展的需要对本科教学督导专家组进行调整，由学校向受聘专家发放由校长签章的聘书，以保证督导专家组在本科教学质量监控与督导工作中更具有权威性、客观性和高效性。2006年3月28日学校下发文件《关于调整北京工业大学本科教学督导专家组成员的通知》（工大发〔2006〕3号），进一步明确和规范了本科教学督导专家工作的任务与职责，文件中指出“北京工业大学本科教学督导专家组是学校本科教学质量监控与保障体系的重要组成部分。其基本职责是：根据学校教学工作中心任务和改革发展目标，代表学校对本科教学开展教学检查、督促、指导、评估、专题调研和信息反馈工作。”如今，北工大本科教学督导专家组经过学校“211工程”建设和教育部的“质量工程”建设，专家组成员已基本涵盖了学校各个学科专业，构架了“北京工业大学教学质量监控与督导模式，如图1

所示。

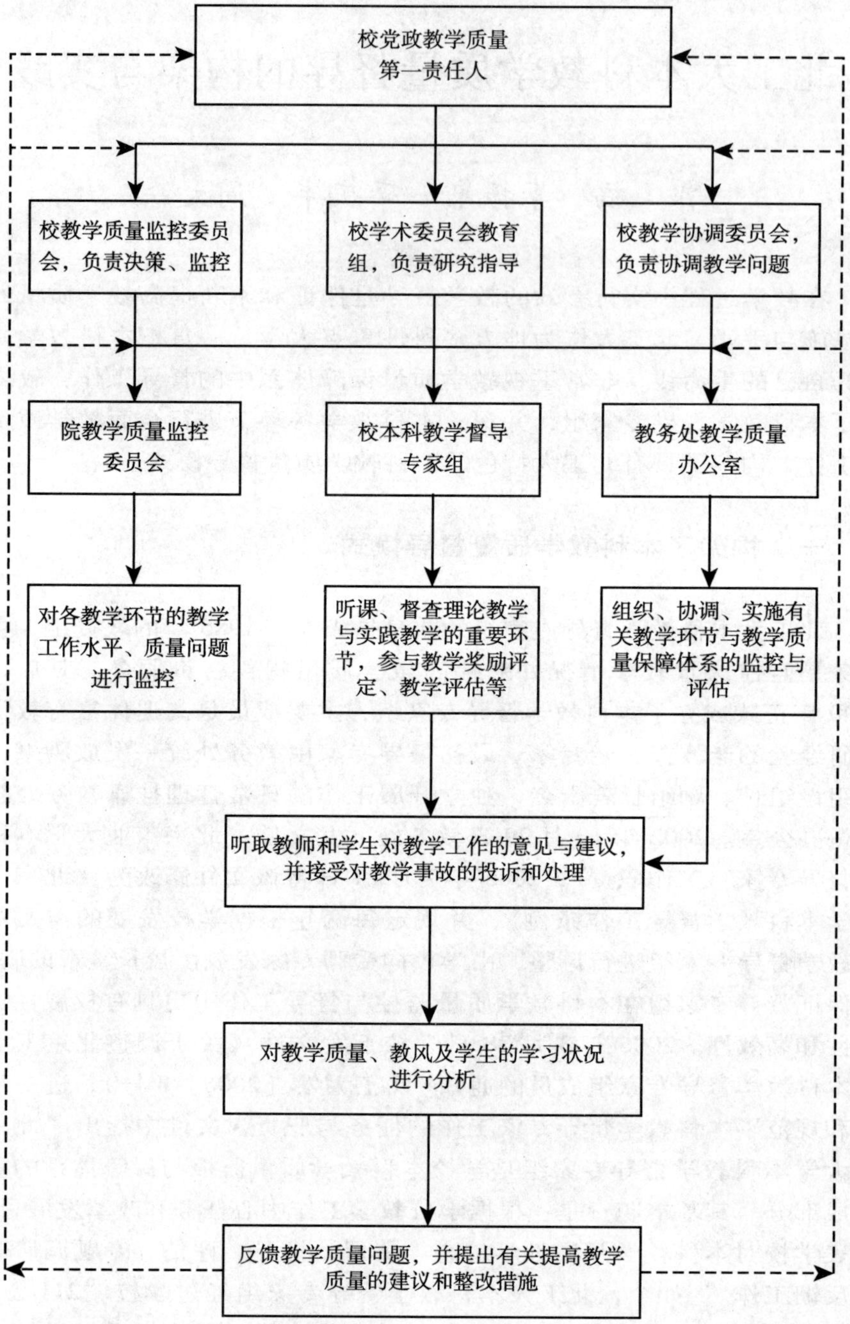

图 1　北京工业大学本科教学质量督导构架图

这个模式的特点是组织严密，校院两级相互沟通，充分发挥教师与学生的两个积极性，构成了一个具有适时反馈本科教学信息的闭环监控与督导系统，成为提高教学质量的有力保证。

二、明确了督导专家的工作原则

美国学者布尔顿在《督导与改进教学》一书中指出，教学督导的任务是："提高教师教学，选择组织教材，考察教学效果，提高教师水平以及对教师的工作进行评价。"巴尔等人在《教学督导：提高教学的原则及实践》一书中把教学督导工作定义为"实施专业性、技术性的服务，研究教学组织和教学改进的条件。"教学督导工作归根结底是一项重要的服务工作，为学校整体提高教学质量服务，经过多年对教学督导工作的研究与实践，我们进一步明确了北工大督导专家的工作三原则：

1. 以人为本的原则

督导工作以教师为本，尊重教师的劳动，保护教师的教学积极性，为教师改进教学工作提供咨询与指导，从而实现教师的职业发展，达到为教师提高教学质量的目的服务。

2. 独立客观的介入原则

教学计划、教学运行、教学实践、教学改革等，是学校教学行政领导部门的职责。教学督导和行政管理相对独立，督导要以独立介入方式对学校的教学过程进行检查、调研然后提出改进建议，提供咨询服务。

3. 教学过程整体优化原则

从教育部"质量工程"建设角度讲，我校抓了"四名工程"建设，这"四名工程"就是优化专业，优化课程，优化教材，优化教师队伍。所以，督导工作必须为教学过程的整体优化服务。但要从学生学习角度、学校育人环境来讲，督导工作也要为学校的学风建设、校园文化建设做出贡献。

三、明确了督导专家组的基本职能

教学督导的基本职能是教学质量的监督、检查、评估、指导，而教学质量评估的核心标准是高校的人才培养目标和质量。北工大本科教学督导专家组，在长期的教学督导实践中，不断汲取校外和自身总体经验，归纳出督导专家组工作的四项基本职能，即准确把握教学动态，严格监控教学进程，积极反馈监控与调研信息，参与教学效果检查与评估。

1．准确把握教学动态

所谓的教学动态，主要指：①教师在如何教，教风如何？②学生在怎样学，学风如何？③教学管理者如何管理，校风如何？优良的“三风”是提高教学质量的保证。督导专家通过听课和调研等活动，经常记录并反馈教师的教学投入、敬业精神、教学效果等；学生的出勤率、听课认真程度、学习效果等；教学条件的保证等，以准确把握教学动态。

2．严格监控教学过程

一个完整的教学过程应该包括学校定位、专业设置、教育计划、课程体系、教学大纲、教学日历、教案、教学管理规章制度、课堂教学、实践教学等各种教学工作的实施过程。对教学的监控可以分为：

（1）目标监控与过程监控

目标监控是对运行效果的评价，对某一教学环节是否达到教学目标，进行评估。过程监控是对某一教学环节，如对毕业设计（论文）进行全程跟踪，包括选题阶段、中期检查阶段、答辩与成绩评定阶段和评价与信息反馈阶段。我校从2001年开始每学年对本科毕业设计（论文）进行全程监控，并随机抽取10%的毕业设计（论文）送天津大学请校外专家评审，并将此作为目标监控措施之一，该措施已连续进行了11年，每年将外审结果及时统计分析，形成分析报告并反馈给学院和指导教师。这一做法得到国内许多高校的认可，在国内高校中产生了积极的影响。我校还对新生入学教育、大学英语教学改革、校开选修课等进行了全过程监控与调研，均得到较好效果。

（2）常规监控与专项监控

常规监控包括理论教学五大类听课任务：每年晋升教师系列高级职称（教授、副教授）教学的考核听课；申请学年“优秀教学质量奖”的评优听课；双语教学水平的考核听课；对教学质量差，学生评分低的教师的考核听课；进行全面监控的随机听课。专项监控指对某一教学环节、某一教学建设项目、某一教学阶段进行的监督、指导，每年选择1～2个重点。如：①2006年针对学校开展“第四次教育教学大讨论”，督导专家组进行了校内外广泛的专项调研，并将调研成果形成报告，为学校发展建言献策，提出了宝贵的建议。②2007年学校全面修订本科教学计划，开设数学小班习题课等，专家组为此进行了专题讨论与调研。③针对每学年的本科教学质量工作计划制定出专家组专项工作，并组成各专项调研小组。其中有：教学改革方面的“创新学分”、“自学型课程”；实践教学方面的“实践教学内涵建设”；青年教师培养方面的“青年教师助课实施情况调研”等，每学年会有不同的专项监控。

3. 积极反馈监控与调研信息

反馈是一个闭环教学质量监控系统的重要职能，督导专家组的信息反馈是该系统的重要环节。

（1）常规检查情况反馈

督导专家组通过常规听课、巡视、检查、座谈等形式获得教学质量管理目标及其偏差信息，及时向主管部门反映，使问题迅速得以解决。比如2004～2005学年第一学期，有一阶段，全校有5%的课堂存在严重的学生缺勤与迟到现象，专家组写出了情况通报，主管教学工作的副校长和教务处处长获悉后，随即召开了负责教学工作的副院长会议，重申了“教师是课堂教学第一责任人”的观点，并决定从教和学两个方面对这5%的课堂进行整顿。专家组继续对这些课堂进行了跟踪，发现课堂秩序有了明显的好转。

（2）专项检查情况反馈

如每学年都针对本科生毕业设计（论文）“四阶段”的选题开题、中期检查、答辩与成绩评定、评价与反馈四个阶段进行专项检查，并将检查情况及时反馈给教务处、学院和相关指导教师进行整改，保证了本科生的毕设质量。

（3）教师违规，教学条件环境情况的反馈

专家在听课过程中，对于教师上课迟到，缺课等教学事故及时反馈，大多数问题得到及时处理，产生了很好的警示作用。对于教学条件、环境存在的问题也会及时反馈。比如教室电声设备的问题、灯光照明问题、噪声干扰问题，都是因专家的反馈，及时得以解决，从而保证了正常的教学秩序。

4. 教学效果的检查、评估与评审

经过近几年的实践，北工大建立起“一条主线，三个阶段”、“常规与专项监控相结合”、对学院教学管理工作进行“学期检查、学年评估”的教学质量监控和管理模式。而督导专家在教学过程不同阶段、环节中都积极参加了教学效果的检查、评估及评审。如每学年对学院进行“学期检查、学年评估”即以一学年计，第一学期期末督导专家组下到学院对学院本科教学质量工作计划实施情况进行检查，学年末督导专家组和学校相关领导对学院全年教学质量管理工作进行评估，并评出教学质量管理优秀学院予以表彰；参加每学年一次的校级“优秀教学质量奖”评审；参加每学年一次的“北工大本科特优毕设（论文）”评审；参加“精品课程”、“精品教材”的评审；为“多媒体课件选拔赛”、“青年教师讲课基本功大赛”等担任评委等。

四、充分发挥了督导专家组的“督”与“导”作用

北工大督导专家组诞生二十多年来，以业务专长和教学的权威性，享誉全校；以其奉献精神，默默无闻地为学校教学质量稳步提高做出了巨大贡献。受到师生和有关教学主管部门的肯定。督导专家组在提高本科教学质量工作中发挥了不可或缺、不可替代的作用。

1. 督促作用

学校为了把好教学质量关，制定了晋升教师系列高级职称（教授、副教授）教学工作一票否决的制度。专家组是执行这一制度的信息提供者，也是这一制度的坚决执行者和忠诚夯实者。许多学院根据学生评教打分、专家组听课评分，制定了教师培训和调离教学岗位的政策。专家组为这一政策的执行提供了信息和评估依据。认真教学的教师欢迎督导专家听课，而不认真教学的或不适合教学的部分教师则害怕督导专家听课。专家组的督促作用，在这一“爱”、一“怕”中体现无余。

2. 指导作用

专家组工作的原则之一是“以人为本，为教师服务”。所以，光有督促不叫“以人为本”。为了发挥指导作用，北工大专家组做了以下工作：①听完课后及时与教师面对面交流；②通过教务处教学质量办公室将所有听课专家的意见加以整理，与被听课教师进行书面交流；③通过教务处教学质量办公室在互联网上办的“督导之声”信箱进行网络交流；④对教学质量有问题的教师进行面对面的小型座谈交流，这种交流往往是几位听课专家与教师约好时间，一起座谈交流，为教师改进教学出谋划策，传授课堂教学经验，帮助分析存在的问题，释疑解惑，所以，这种交流深得教师欢迎。

3. 咨询与参谋作用

教学督导制度是高等学校内部的督导，对于高校而言它不是一种外推力，而是一种内驱力，我们对教学督导组工作的体会是，只有做到“参与不干预，到位不越位，建议不决策，咨询不代替，引导不责备，帮忙不添乱”，才能使教学督导专家组成为教师提高教学质量的良师益友，教学管理者的好参谋，受到学校的欢迎。

五、积极实践成果显著

多年来，北工大本科教学督导专家组围绕学校中心工作，积极开展了各类专项调研与评审活动，精心地组织了对本科教学各环节督导与实

践活动，对提高本科教学质量起到了积极的促进作用。北工大本科督导专家组的工作几乎涉及本科教学活动的各个环节与层面，为学校近年来本科教学质量的稳步提高和教育教学成果全面发展，做出突出贡献，并取得显著成果。

2005 年 10 月，由中国高等教育学会和南昌大学共同举办的全国高等学校教学督导工作研讨会在井冈山召开，全国百余所高校的 200 多位代表参加了会议，北工大督导专家组在会上作了专题发言，受到同行的强烈反响与好评。

近年来先后有北京科技大学、北京化工大学、广西大学、南昌大学、东北大学等多所大学的督导专家组到北工大学习交流本科教学督导的工作经验。

2010 年以来北工大本科教学督导专家组在国家、北京市和学校获得多项奖励：2011 年，荣获北京市“教育系统关心下一代工作先进集体”；2011 年，荣获“全国教育系统关心下一代工作先进集体”；2012 年，荣获北京市委组织部和老干部局颁发的“老有所为先锋，创新争优旗帜先进集体”称号；2012 年，荣获“北京工业大学校长嘉奖”；2012 年，荣获中共北京市委教育工作委员会“北京高校离退休干部老有所为先进集体”光荣称号。

主要作者：郭福，北京工业大学教务处长，教授。

日益强化有为建设背景下的冷静思考

隋允康

近年来教学评估和诸多建设项目（例如包括名师、名团队、名课程、名中心、名教材的“五名工程”）有越来越强化的趋势，体现了儒家的“有为”的思想，相应地，没有这么多名堂的教育教学则体现了道家的“无为”思想。从教师和课堂同演员、脚本编剧者、导演和剧场分别类比，学生同观众和票友类比，说明“无为而治”更适合教育教学，无为而治模式的利大于弊，过于强调“有为而治”的弊大于利。探求了寻求资源分发和试做利益，乃是驱动导致有为而治强化的动因。本文指出：尽管对于搞名堂可以不感兴趣，但是要顺乎潮流，认真参与，争取获得与名堂伴随的资源；更重要的是，要保持纯心，闹中取静，无为而有为——外做有为的名堂，内循无为的道法，有为中仰仗无为，无为而无所不为。揭示了五名工程两个隐藏的“名”：“名”观念和“名”学科。指出：“抓虚带实，以无为统帅有为”是在新背景下的明智对策，绝不能用“实”抓手（五名工程）代替“虚”抓手（先进教育理念）。建议上层领导不要过于迷恋和迷信有为的举措，见好就收为宜。一线的老师应当淡薄名堂，利用名堂，不要过于在乎和沉入有为的名堂：如果没有得到也别气馁，不少真正的名家却未被授予什么封号；如果得到了，也别忘了自己本来的长相，因为卸妆后的美人未必还那么楚楚动人。督导专家是旁观者，头脑最清楚，要做方向校正员、诤言引导员、营建参谋员，别忘了向领导和教师两方面实时地提出诤言和建议。

一、辨析教育界无为而治向有为而治的转化

所谓有为而治是指近年来的教学评估和诸多建设项目（名师、优秀教学团队、精品课程、实验教学示范中心、精品教材，为方便，简称为五名工程：名师、名团队、名课程、名中心、名教材）。

“名”，是著名的意思，英文是 famous，严格意义上讲，应当为 outstanding，即“顶尖的”、“突出的”。五名实际是客观存在的事实，即使

不说出来，大家也在做这件事，这是道家的“无为”思想。把它发掘出来，是儒家的“有为”的思想，提炼出来，更明确了，有其道理。

用正了，可能是个好事；用歪了，可能是个坏事。因此，本文用一个不褒不贬之间的中性词“名堂”，来称呼五名工程，旨在突出一种警示作用。

老教师都知道，以往是没有这么多名堂的、从事教学的教师，只是专心致志地教学，除了学校基层的某些任课教师的听课之外，老教师可能会遇到中、青年教师来听课、观摩、学习，几乎没有其他的扰动，我们可以讲：这是一种无为而治的管理。

从大趋势上看，有为而治越来越强化了。于是就产生了两个问题：你喜欢哪种管理模式？为什么喜欢这种模式？

笔者可以毫不隐讳地说：我喜欢“无为而治”为主的管理模式。也许有人要反问：你老隋不是领导力学教师申请下了国家级的名课程、名中心和名团队，你本人也被评上了北京市的名师了吗？为什么你还说不喜欢“有为而治”的模式呢？这个问题本文后面就会回答，先说明一下为什么我倾向于无为而治的模式。

二、无为而治模式的利大于弊

这个结论的得出，颇费了一番思考。首先想了一个问题：如何生动、形象、准确地比喻教师职业？

从教师课堂讲授的生动与否入手进行类比，我们看到：教师像一个演员，讲台则像一个小舞台，教室像一个剧场，而学生颇像观众。然而有两个不同点：其一，教材不能类比为剧本，充其量是剧本故事的原型小说；所谓剧本是教案和多媒体课件，教师集演员、脚本编剧者与导演为一身，乃是三位一体的人物。其二，学生不是单纯的观众，他们还是喜欢参与的“票友”，如果教师给他们在讲课时予以互动的机会，他们参与演出的场所则在课堂，当然，这些“票友们”更多的机会是在实验室、考场以及阅读和做作业的图书馆与自习室。

上述比喻的生动与准确之处，不仅可以启迪我们按正确的做法去工作，而且可以提醒我们始终瞄准不动摇的目标——提高讲课质量。

如果剧本不精，演员在导演指导下表演再好，也不能更深地打动观众；如果剧本和导演再好，演员的表演平庸也不可能吸引观众；剧场豪华，观众在舒适的环境中看戏，自然更好。可是，这毕竟是第二、三要素，好戏在露天场地也会感动观众。

由此可见，教师只有抓住了表达知识的脚本——教案与课件，反复打磨，抓住了生动的课堂讲授，日益提高，也就抓住了要点。

上述的类比无为而治更适合教育教学。以往没有诸多名堂的教学，老师们就不断地切磋学问，砥砺讲课技巧。这是无为而治背景下的教学景象，大家不浮躁，不焦虑，平心静气、专心致志地搞教学，这是其乐融融的场面，令人难以忘怀。

三、导致有为而治强化的动因——寻求资源分发和试做利益驱动

“无为而治”的含义，形象地体现在老子《道德经》上讲的一句话：“治大国如烹小鲜”。“烹小鲜”指煎小鱼，煎鱼者不可以沉不住气，一旦翻来覆去，小鱼就碎了。要不动它，适当时候轻轻地“考核”一下（翻过另一面），才可能既香脆又完整。

“治大学也应如烹小鲜”，不应出台太多名堂，翻来覆去地瞎折腾。无为而治，本质上是道家的思想；有为而治，本质上是儒家的思想。有为而治，实际上，凸显了激励机制，也有其合理之处，但是不可过度运用。最佳选择是二者的结合，双方的比例有度，不可过于偏向有为一方，否则会派生出弊端。

为什么“有为而治”呈现出越来越强化的趋势？我反复思考这个问题，最后终于想通了——政府有钱了，钱分给谁呢？立些项目，谁申报下来，切一块蛋糕给谁。你拿到了钱，就要满足考核指标，出成果。一句话，职能部门财大气粗，可以进行利益驱动了。这样做，肯定会带来某些运转，对教育有促进，有推动。可是，不可避免地，也会产生弊病。

当初没有五名工程时，北京工业大学的力学教学团队只是为了讲好课，思想很单纯，不求名，不逐利。忽然间名利来了，因为工作成绩有积累，机会偏爱有准备的头脑，一申报就名利双收了，真是“只讲耕耘，不问收获”，反而有收获。

现在则不然，做事斤斤计较：能不能获奖啊？想事瞻前顾后：如何包装我们的成果啊？总之，求标忘本，花拳绣腿。更有甚者，浮躁不安，乃至抄袭、剽窃、做假。影响了抓根本，孜孜以求，反倒难以获得名利。

四、第一线教师和督导专家在新背景下的明智对策

既然“有为而治”越来越强化，每位老师却不应当忘了“无为而有为”的初衷，自己还是应当抓住提高教学质量的根本，自己在心里要沉

住气，辛勤耕耘，提高教学与科研的真本领。

我们对于搞名堂可以不感兴趣，但是不能单凭个人好恶，要顺乎潮流，为我所用，寻求发展，否则被潮流抛弃。就是说，看穿了诸多名堂的本质，还是要认真参与，因为不参与，就不可能有机会获得与名堂伴随而来的资源。

这就是不喜欢有为而治的模式、却参与其中的原因。如果对于“五名工程”不重视，将来要后悔的，因为“五名工程”有利于对外争资源，在校内促建设，它也将成为一个评价指标。

正确态度应该是：淡薄名堂，利用名堂。参与者，一定要保持一颗平常心：把申报与建设五名工程落实到讲好课的基点上，评上了更好，评不上也不沮丧。

剖析到有为建设的本质，我们就不难找到使命督导专家的定位：方向校正员，诤言引导员，营建参谋员。

所谓方向校正员，一旦发现一线教师偏离了保证教学质量的根本方向，就要及时提醒他们注意，使之及时回到正路。督导专家的感觉一定要敏锐。

所谓诤言引导员，对一线教师的爱护要体现在严格上，不能当老好人，拒绝“不好意思”，而应当明确指出讲课存在的问题。督导专家的态度一定要真诚。

所谓营建参谋员，对于营建五名工程的老师们，要把我们丰富的执教经验提炼成宝贵的建议，成为他们向上攀升的阶梯。督导专家的思考一定要勤勉。

督导专家要做好校正员、引导员、参谋员的关键是，发挥督导专家的弥补作用：由末出发对于本的回归，从热动转向冷静的思考，变有为对于无为的注重。

五、保持纯心，闹中取静，无为而有为

尽管我们可以怀念无为而治的田园诗般的岁月，但是时空境界已经改变，不可逆转了，因此，更重要的是，如何安详地应对有为的喧嚣？

明智的取向是，虽然不喜欢，却不排斥有为的诸多名堂，顺应潮流，为了争取资源，加入“游戏”之中，为我所用。不仅要参与，更为重要的是：“外做有为的名堂，内循无为的道法。有为中仰仗无为，无为而无所不为。”

其中的意思是：行动虽然是有为的，统领的思想却应当依归于无为。

由于“无为”属于道法即规律的层面，”有为”属于技术的层面，必然是：低层次的技术只能仰仗高层次的规律的指导；“无为”不可以理解为什么也不干的无所作为，而是没有人为的臆想和搅扰，时时、处处皆合于道，即在时空上都能符合规律，必然导致无所不为，亦即广泛的有为，然而，这却是达到了更高境界的有为。

之所以说五名工程是有为的名堂，就在于它没有揭示根本的要素——名观念。严格讲，五“名”或五“顶尖”还不够，还有两个隐藏的“名”或“顶尖”——“名”观念（“顶尖”观念），“名”学科（“顶尖”学科）。

没有优秀的观念做指导，“五名工程”就缺主心骨，缺了思想的统领，做事情的层次也不会高。“名”学科或“顶尖”学科是后盾，没有这个后盾，不可能产生名师、名队伍、名课程、名中心、名教材。

名师不是孤立的，打造精品课程（名课程）时靠一支队伍，建设过程中，队伍成长起来了。由五“名”到七“名”实际是由显式出发发掘出隐式的内容。

进一步对七“名”要素予以推敲：名观念——统领（思想），名师——根本（主帅），名队伍——群体，名学科——后盾，名课程——基地（辐射作用1），名中心——扩展（辐射作用2），名教材——固化（辐射作用3）。

由于立体化教材或广义教材 + 教育教学研究文章 = 文字，所以从固化的产品看，把名教材扩大为名文字更好。7“名”要素的相互关系如下图1所示：

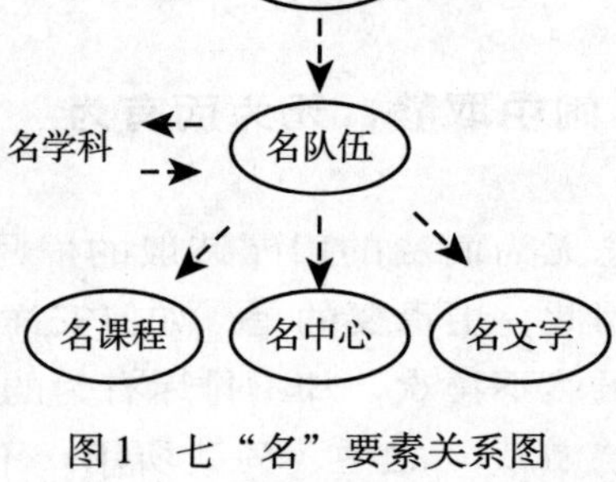

图1　七“名”要素关系图

六、抓虚带实，以无为统帅有为

现在经常听到“以……为抓手，……”的说法，自然也就有了“以五名工程为抓手，促进教学成果建设”的提法。乍一听，似乎颇有道理，其实，这包涵了极大的疑点，可能带来很大的后患：

（1）更多的基层领导和一线教师丧失或放弃了话语权。没有获得“名堂”，你如果对于五名工程提出异议，人家会说你得不到而发牢骚，从而得不到话语权。你如果有了某个“名堂”到手，又得忙于巩固建设成果，无暇进行冷静的思考，自动放弃了话语权。

（2）强烈的功利主义取代了实事求是的精神。大家疲于奔命，即使不想追名逐利，基层领导和一线教师迫于兄弟院校或校内外同行竞争的强大压力，饮食不香、睡眠不安，头脑里充塞着五名工程的细枝末节，行动被细微的指标所左右，往往冲击着提高教学质量的根本。

既然不可能回到恬静的无为发展境界，那就只好“闹中取静，抓虚带实”，具体做法是：

①以先进的教育理念为抓手。所谓先进的教育理念是指：把知识当做载体，培养学生的能力，熏陶他们的素质，即作者在另文中提到的微观教育观念。②以五名工程为动作或途径。③以提高教学质量为目标。学校组织的学生活动应围绕学风建设，组织学生活动，“以学为主，兼务别样”，学生工作务必克服脱离学习的“多中心论”误区。

为什么不能“以五名工程为抓手”？客观讲，五名工程既不是出发点，也不是结果，它们只能是从出发点向目标点奋进过程中，所获得的鲜花美景的回馈。出发点是先进的教育理念，目标点是优秀的教学质量，五名工程只能是建设中派生的自然结果。

特别应当指出：教育的产品是优秀的人才，不属于物质产品，不可能用 GDP 为指标进行衡量。因此，绝不能用种“实”抓手（五名工程）代替“虚”抓手（先进教育理念）。

“抓虚带实，以无为统帅有为”，只是在现有背景下冷静思考的权宜之计，还不是根本解决问题的策略。如果已经偏离了提高教学质量的根本目标，就不要在花架子上狠下太多的力气了！别的且不讲，不少“名教材”的出炉违背了基本规律，不是长期使用和砥砺的积累和提升，而是书与书的相互参考、相互借鉴，旧书翻新乃至高级抄书。

五名工程和教学评估等“名堂”已经持续了相当一段时间了，至今还大有方兴未艾的势头，更可能有新“名堂”问世。限于篇幅，本文没有谈另一项有为的行动："教学评估"。

是时候，该从圈子中跳出来！需要进行反思，甚至质疑了，应当揣摩正确的教育理念了。如果依然对越来越多的名堂继续叫好，不仅是头脑缺乏反思，更是对历史的不负责任，是要误人子弟的！

即将结束本文，提出如下三点希望：

（1）上层领导不要过于迷恋和迷信有为的举措，见好就收为宜。

（2）一线的老师不要过于在乎和沉浸入有为的名堂：如果没有得到也别气馁，不少真正的名家却未被授予任何封号；如果得到了，也别忘了自己本来的长相，因为卸妆后的美人未必还那么楚楚动人。

（3）督导专家是旁观者，头脑最清楚，别忘了实时地向两方面提出诤言和建议。

作者：隋允康，北京工业大学机械工程与应用电子技术学院教授，校教学督导专家组长。

关于“评课”相关内容的思考与建议

——以北工大课堂教学为例

李振泉　李庆丰

专家听课、评课历来都被作为提高课堂教学质量的重要手段。如何评价一堂课的好与差是一个与课堂教学一样的永恒课题，同样需要与时俱进的加强研究。

一、关于“评课”的原则

原则即评课的指导思想，是应该遵循的准则。从校内外评课的经验和问题中，总结出如下原则：

1. 实事求是原则

要求评课者不带任何偏见，不夹杂感情因素，不分亲疏一视同仁，用统一的标准进行衡量，做出科学而公正的评价。

违背实事求是常见的表现是：在学校内部，督导专家来自不同院（部），给本单位的被评者打高分，给其他单位的打低分；给熟人打高分；当好好先生，一律打高分，经常表现为高分低评，定量评分与定性评语不一致。

2. 区别性原则

据调查，当前不少学校通过一种听课评价表评价不同性质的课、不同教师的课，结果是评课困难，且缺乏可比性。

课的性质分类，根据实际情况大致可分为：理论教学课、技能教学课、实践教学课。技能教学最具代表性的就是如体育课、美术类（书法、绘画、写生、雕塑等）课，其评课指标体系应区别于理论教学课。评课为教学质量保驾护航，不少学校把评课分为：观摩课、评优课、职称课、跟踪课、随机课等。

观摩课的评价，要突出一个“研”字，倡导一个“争”字。重点评出闪光的教学思想和教法，评出独特的教学风格和特色，同时鼓励争鸣。

评优课的评价要突出一个“严”字，倡导一个“比”字。即在从严要求中评优；在比较中评优。使优秀课真正成为教学优秀的代表。通过评价总结经验并加以宣传推广。

职称课的评价要突出一个“关”字，倡导一个“实”字。对要晋升教授、副教授的教师，通过评课把好“教学关”，实事求是地评价，一是一，二是二。

跟踪课的评价要突出一个“帮”字，倡导一个“导”字。做到“以理服人，以情动人，以知导人”。为此，应将评课侧重点放在：①明确教学目的。②把握教学重点、难点。③讲解正确、清楚、有条理、有层次。④备课认真熟练。

3. 激励性原则

在管理学中，激励是调动一个单位全体成员在工作中发挥积极性、创造性的重要措施之一。成功的“评课”也一定会激发起教师钻研教材、研究教法、提高教学质量的积极性。

激励性原则的把握，是建立在“实事求是”的基础上的，采用一分为二的方法，对讲课优秀的教师，除了指出其闪光点、出彩之处外，更要指出其不足和需要继续提高的方向，比如开展创新型教学，研究性教学等。对讲课差的教师，首先应肯定其在教学中的付出与努力，然后要以十分诚恳的态度，指出其存在的问题，当前部分高学历的新教师，在教学中存在的主要问题不是知识水平不够而是教学水平较低。他们在教学目标上不太注意“三基”画线；教学准备上不知道如何写“教案”和讲稿，不知道如何备课，做到知己知彼；教法上不知道如何突出重点，突破难点；讲课没有层次，没有条理。把上一堂课与作一次科学报告等同起来，电子演示文稿或板书上无章、节、大小标题，只有并行排列的“●”或“*”等符号；上课以自我为中心，把要教的内容一股脑地讲出去，不管学生是否听得懂等。评课者要把问题说得越具体越好，同时提出改进意见，还要倾听教师本人的意见，进行平等交流、研讨。

评课者可以向教师提出研究方向和目标；向教师推荐学校的名师（全国名师、省市名师），教学优秀的教师（最好本门课的教师）作为学习的榜样，鼓励他去听课；向教师推荐有关的教学论文、教学方法的书籍等有关信息。采用以上各种方法以达到激励的目的。

4. 及时反馈原则

评课的目的是为改进课堂教学服务的，最好能起到立竿见影的效果。为此，及时向教师反馈评课意见就显得十分必要和重要。反馈的时间延误越长，对该堂课的印象就越淡，不如及时反馈留下的印象深刻。

以我校为例，目前评课反馈的做法有：

⑴课间反馈：两节课间的休息时间，向教师反馈急需解决的影响教学效果的问题，如板书不整齐不清晰；讲课声音太小，说话过快等问题。

⑵课后交流：下课后马上与教师交谈，对这堂课的优点给予肯定，指出存在的主要问题，提出改进意见。

⑶评价表反馈：完成听课评价表，每学期向教师反馈两次（约在第8周和第16周）。评价表有定量的评分和定性的评语。

二、关于“评课”的标准

评课是对教学质量的一种过程监控与考核，它既能起到对教师教学态度的促进作用，也能对教师起到改进教学方法的引导作用，是提升教育教学质量的指挥棒。

1. 评课标准简介

徐世贵先生在《怎样听课评课》一书中提出了八项标准，即教学目标（包括知识、能力、思想感情等具体要求）；处理教材（包括教学内容科学准确、突出重点、突破难点、抓住关键等）；教学程序（包括教学思路与课堂教学环节设计与时间分配等）；教学方法与手段（包括教法的灵活性、多样性、创新性和现代化教学手段的合理利用等）；教学基本功（包括教师的教态、语言、板书、教具操作如计算机、投影仪、演示仪器操作等）；教学效果（包括教学目标的达成、学生学习积极性、课堂气氛等）；教学个性（包括教师的教学特点、教学风格等）；教学思想。

当前各高校的评课标准，大体有四五项标准：教学态度；教学内容；教学方法；教学效果；有的学校还设有教学常规指标。

国家级教学名师、清华大学范钦珊教授指出，课堂教学的质量要素有：①教学内容的科学性（包括内容选择定位准确、要求合理、概念正确、难易适度、注意基本点、重难点和方法、注重内容更新）；②内容表述的启发性（包括提出、分析和解决问题）；③学生听课积极性（包括听课率、注意力等）；④教师与学生之间的互动性（包括交互式、讨论式教学法的运用）；⑤教学手段和教育技术的适用性（包括多媒体、板书的合理运用）。

国家级教学名师孙正聿教授指出，“在教学中，宏观线索的勾勒、微观细节的阐述、逻辑分析的独白、讲述视角的转换、典型案例的穿插、恰到好处的板书、思想感情的交流、疑难问题的提示、人格力量的感染、理论境界的升华，所有这些必须是成竹在胸、水乳交融一样挥洒自如、引人入胜”。这段话用顿号断开的每一点均可作为一条评课标准。

龚绍文教授提出了一堂好课的十条标准，即：①内容丰富、信息量大（包括内容的科学性、实践性、先进性和个性）；②概念明确、讲解深入（包括明确一堂课有几个概念和对概念的正确清楚的表述）；③重点突出、选材恰当（对重要的知识点、能力点讲深讲透、学时分配合理）；④脉络清晰、逻辑性强（包括提出问题、解决问题、得出结论、举例说明，不但要有章有节还要有大小标题在屏幕或黑板上的展示）；⑤语言考究、准确生动（包括语言要清楚、得当、艺术，要杜绝说话快、急、低、平和自言自语）；⑥多媒体屏幕显示和板书得当（显示和板书要醒目、恰当、艺术）；⑦师生互动、气氛活跃（包括课堂上有问有答、有示范有模仿、有要求有响应、答题、讨论、争论、辩论等），还要有眼神和思维的互动（要求教师充分利用兴趣的力量、好奇的力量、求知欲的力量、假设的力量、猜想的力量、推理的力量、逻辑的力量、情感的力量、创造欲的力量把学生学习的主动性积极性调动起来。）；⑧启发诱导、教法合适；⑨学时准确、不拖不欠；⑩精神饱满、教态大方（教师着装典雅、举止自然、潇洒、规范，态度热情、真挚、谦和、从容、幽默活跃）。

20世纪80年代，在一次教材编审会上一位老教授，提出了课堂教学的三个标准，即讲课要讲出“科学的内涵、哲学的背景、文学的神韵”。

以上是评课标准的各家之言，仁者见仁智者见智。但仔细研究也有其共通之处，不少学校已经固化为评价表。

2. 量化的评价表实例

表1 北京工业大学专家听课评价表

听课类别（打√选择）：评优；职称；跟踪；校选；随机；其它

课程名称		班级		星期	节次
应到人数	实到人数		迟到人数	教室	
教师姓名	所属院系		职　　称	年龄	□老 □中 □青
讲授章节内容					

项目	分项	分　项　指　标	分项得分 可有一位小数		项目得分 可有一位小数	
教学常规	01	提前到课，按时上课、下课，严格课堂管理。	5		5	

续表

项目	分项	分 项 指 标	分项得分 可有一位小数		项目得分 可有一位小数	
教学态度	02	教学投入，教学有激情，教风严谨，教书育人。	10		20	
	03	教学准备充分，过程规范。				
教学内容	04	教学内容科学、丰富，有足够信息量。	10		30	
	05	基本概念、基本理论、基本方法训练内容详略得当，重点突出，授课时间分配合理。	10			
	06	能吸收新成果，反映新信息，理论联系实际，教材先进适用。	10			
教学方法	07	讲课内容娴熟，脱稿讲授。	10		35	
	08	采用启发式或参与式教学，教法得当。	10			
	09	合理、恰当地利用板书和各种教学媒体，效果好。	5			
	10	因材施教，注重学生思维能力和创新能力培养。	10			
教学效果	11	学生出勤率高，认真听课率高，课堂纪律好。	5		10	
	12	课堂气氛活跃，师生互动好。	5			
综合得分$\left[\sum_{i=1}^{12}\right.$（分项得分）$\left.\right]$=						
专家评语	专家签名：　　　　　年　月　日					

这个专家听课评价表是在2007年专家听课评价表的基础上，经专家和教师数次讨论修订后于2011年开始使用的。2007年使用的专家听课评价表有一级指标5个，下分15个二级指标；2011年专家听课评价表，本着重视高校课堂教学质量评估价值取向和评课指标体系应满足科学性、

实践性、有效性和可操作性要求进行修订的，一级评价指标改为 4 个，二级指标改为 12 个，经过一学期的试用，专家普遍反映新的课堂教学评价表更符合实际，且可操作性更强。

三、如何评课的具体建议

做好评课工作是打造一支高教学素质教师队伍和培养青年教师的重要手段。在严格执行评课原则的基础上更要尽量做好定性、定量的评课工作。

（1）评的实质是“导”，目的是帮助被评者改进教学、提高教学质量。督导组一定要抓好教学研究、杜绝“少研浅导”，评语言之无物，只触及表面如教态如何、声音大小、说话快慢等，对教学深层次的问题如备课、教学设计、教学方法、教学内容、教学手段技术运用等不具体、不深入，或者评语面面俱到、抓不住要害，指导性不强。评课者必须做到“研深导切”、“研导结合”。

当前，值得注意的是部分具有高学历的新教师备课、讲课缺乏必要的知识与实践，这是评和导的重点。

关于备课，推荐一个备课过程，如图 1 所示。

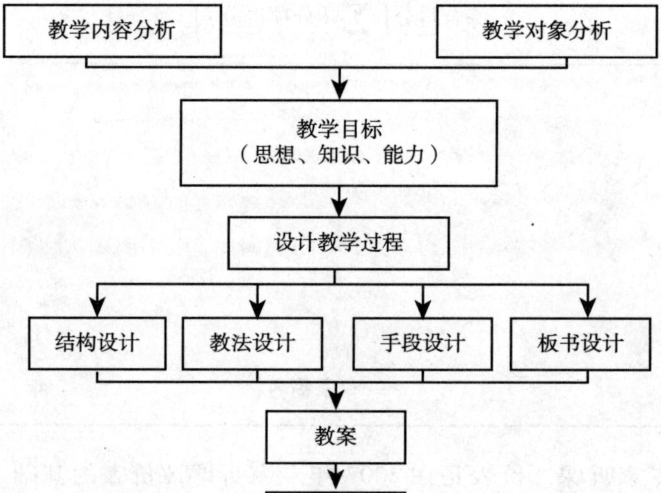

图 1　备课过程

不少教师不会编写教案，把教案与讲稿混为一谈。关于教案，其内容大致需要包括：课程名称；教学目的（三基要求、知识目标、能力目标、情操目标）；课型（复习课、习题课、新课）、课时、教学重点、教学难点、教学程序（使用的教法、如何突出重点、突破难点）、作业、教学手段（板书设计、多媒体应用等）。

关于教学方法，当前不少教师不知道如何处理教材、教学不分层次、无章无节无大小标题，系统性、逻辑性不强。讲不清“是什么”、“为什么”、“有什么用”、“如何用”。教师以自己为核心，不懂学生，不知道学生在什么地方会出现认识上的问题。抓住以上存在突出问题评课，就有利于被评者教学水平的迅速提高。

（2）杜绝“高分低评”、“低分高评”，做到评分和评语尽量一致。

（3）评分按粗评和细评两步走，也可以叫宏观评等级、微观评细节。宏观等级可划分为优、良、中、差。经我校本科教学督导专家组多次调研，遵循课堂教学质量评价的科学性，可操作性和有效性原则对现用评价表做了认真的修订，连同评分细则公布于后，从 2010－2011 学年第一学期起按新表评分。

评分细则：

优（95 分，90－100）的必备条件：①内容娴熟，脱稿讲授；②采用启发式教学，与学生互动好，课堂气氛活跃；③学生满意（问周围学生），出勤率高（小班课的出勤率≥90%，大班课的≥85%）、听课率高（≥90%，可在纵列座位随机抽取十名学生进行统计）。

良（85 分，80－90）的必备条件：①内容娴熟，脱稿讲授；②能与学生互动，但响应率和课堂活跃程度稍差；③出勤率≥80%、听课率≥80%。

中（75 分，70－80）的必备条件：①按讲稿或电子演示稿能把问题讲清楚，无原则错误；②偶尔与学生有互动；③出勤率和听课率≥70%。

差，即无法满足教学质量要求，①讲授内容出现严重错误；②照本宣科，照电子演示稿宣讲；③无层次，系统性、逻辑性差；③出勤率≤50%，听课率≤50%。

微观评细节以北工大专家听课评价表为例，按分项序号说明如下：

①提前 5 分钟以上到教室，上下课准时，（±30 秒）给 3 分，上课迟到 5 分钟以上报教学事故。上下课每延误 1 分钟扣 1 分。提前 5 分钟下课，报教学事故。考勤给 2 分，不考勤扣 2 分。

②上课充满热情、精神饱满、教态自然大方自信者，严格管理课堂或课堂驾驭能力强者给 2 分，依表现情况酌情扣分。

③教学准备充分考察点：讲稿、电子演示文稿质量；对讲稿、电子演示文稿依赖程度；教学设计；教材处理等，依表现情况给酌情扣分。能离开讲稿、电子演示文稿娴熟授课者给10分。

④主要考查内容的科学性、实践性、实用性，讲述中讲与侃的比例不大于7：3，不拖拉，不讲废话、空话，即给10分，依表现酌情扣分。

⑤三基内容把握好，核心内容学时分配恰当给10分。评课者适当做学时分配记录，一堂课平均花费力气者可得6分，在非重点、核心内容上费时太多者给5分以下。

⑥理工科要联系工程实践或讲练结合，文科要有较丰富的案例，对本学科的新进展、前沿课题要有介绍，有教材且先进、适用的给10分。无案例、不联系工程实践，只宣讲理论又无教材者给5分以下。

⑦可完全脱离讲稿或电子演示文稿面向学生讲授，电子演示文稿或板书有章有节有大小标题，教学基本功扎实的给10分。照本宣科，电子演示文稿或板书无章无节无大小标题，只有平行排列的符号如*、●、☆等，讲授出现严重错误（口误笔误除外）给5分以下。两者之间酌情给分。

⑧教无定法，但课堂上有问有答、有示范有模仿、有讨论、有启发、有响应，气氛活跃给10分。以教师为中心，只顾自己讲，不问学生是否听明白，不管学生在干什么，给5分以下。其他的酌情给分。

⑨基础课、专业基础课只要板书好、有板书设计、可给5分；专业课要求有多媒体课件，并且与板书和课程内容配合紧密，清楚、丰富给5分；有，但配合不好给3分；没有，板书又差的给2分。

⑩对教师提出了要贯彻先进教学理念和教学思想的要求。教师在课堂上注重了创新教育（图2），注重培养学生学科学、爱科学、献身科学精神，注意思维能力培养，即可给10分。讲授中体现不出自己的教育理念和教学思想的给5分以下。

- 创新教育
  - 创新心理品质培养
    - 创新意识培养
    - 创新精神培养
    - 创新个性培养
  - 创新思维训练
  - 创新发明技法训练

图2　创新教育的内容

⑪学生对课程学习的兴趣主要体现在出勤率和认真听课率及课堂纪律方面，小课堂两率≥90%，大课堂出勤率≥85%，听课率≥90%者给

5分，≥80%给3分，≥70%给2分，依次酌情给分。

⑫学生掌握知识的状况。可从学生对泛问的响应率判断；可从泛问或提问学生回答问题的正确率判断。响应率高，回答正确率高，课堂活跃的给5分。课堂死气沉沉学生，对提问漠然置之或回答问题基本上错或不回答，给3分以下。依课堂情况酌情给分。

（4）北工大教学评价表系列已经有：①听课评价表（课堂理论教学）；②实验课评价表；③生产实习评价表；④课程设计评价表；⑤毕业设计（论文）期中评价表；⑥毕业设计（论文）答辩评价表；⑦毕业设计（论文）质量评价表；⑧考试试卷质量评价表；等等。

经多年实践表明，有必要补充"技能教学型（体育、美术、设计类）课程评价表"，拟采用一二级评价指标及评分权重，如表2所示：

表2　新的技能教学型课程评价表

一级指标	二级指标	权重	
教学常规	（1）按时上下课	5	10
	（2）器械或课堂整齐清洁	5	
教学态度	（3）教学热情、精神饱满	5	20
	（4）严格管理、实施考勤	5	
	（5）为人师表、教书育人	5	
	（6）关心学生、认真负责	5	
教学内容	（7）科学性、知识性、实用性强	6	15
	（8）重点突出	6	
	（9）教材先进	3	
教学方法	（10）技术要领讲解简洁、清楚，教法选择恰当	10	35
	（11）示范准确规范，应用教具熟练	10	
	（12）因材施教、合理安排，认真指导且得法	10	
	（13）采用启发式教学，教学互动好，气氛活跃	5	
教学方法	（14）学生模仿正确、操作得法	5	20
	（15）学生兴趣高、操作认真，主动性积极性高	5	
	（16）学生出勤率好	5	
	（17）学生课堂课外作业质量高、效果好	5	

评课是一门科学，是建立在广泛而深入的教学研究和高超的学科学

术水平之上的科学。评课也是一门技术，通过评课者看、听、想、记的协调作用得出具有指导性的结论，需要评课者不断地通过听课评价实践总结提高。

主要作者：李振泉，北京工业大学教务处教学质量办公室主任，副研究员。

对于督导工作的几点思考

隋允康

我把自己对于督导工作的思考提供给大家，期望交流，并且希望获得大家的指教。

一、进一步提升督导工作的六点想法

督导专家们日复一日、年复一年，配合学校的教学工作进行了圆满的工作，我的体会可以概括为如下六点印象：

（1）正确的发心。

仁爱、宽厚、耐心地帮助中青年教师提高教学水平。

（2）落实了任务。

通过听课等形式对广大教学和教学活动进行了很好跟踪，落实了督导任务。

（3）运用了经验。

从以往积累的宝贵经验出发，对中青年教师进行了难能可贵的“传、帮、带”，娴熟运用了几十年积累的教学经验。

（4）进行了专业化指导。

以自己专业学科的学术造诣细致深入地指导了广大教师。

（5）获得了广泛的信息。

通过辛勤的督导工作，全面把握了全校教师的教学状况。

（6）完成了优质的督导。

很好地完成了教学督导的使命。

今后为了提升我们的督导工作的水平，针对以上六点，我提出如下六点进一步的想法：

（1）不仅有宽厚指点的督导，更要有严格要求的督导。

我们督导组的老专家们心地善良，这是很好的前提条件，但是我看到了有个别老专家对青年教师打高分的情况，其实我认为：严一点要求，在整体浮躁的大环境下，有利于青年教师的正常成长。

（2）不仅有具体的行动督导，也需要有理念统帅教学活动以提高教学质量的督导。

不少年轻人没有意识到讲课要避免灌输知识的倾向，我们应当时时告诫他们，一定要把启迪学生，培养他们的能力和素质当成首要的任务。

（3）不仅要用好以往的教学经验进行督导，而且要与时俱进地更新观念，用新观念运作督导。

不少老专家是单纯黑板讲课的专家，如何在多媒体形式下讲好课，就有个新的思考和学习，同青年教师一起探讨，使多媒体技术做到“学习黑板、超越黑板”。

（4）不仅要有业务的督导，也要重视师德的督导。

通过听课，可以通过观察透析出青年教师的师德境界，一定要揭示出来，必要时要重锤敲打！

（5）不仅要有面上的督导，而且要有点上的指导。

2012 年我在这方面做了尝试，有了一些体会，下面列专题谈一下。

（6）不仅有完成督导工作的腿脚勤，还应当有总结督导工作的脑袋勤。

在完成督导工作的辛苦之余，坐下来好好想一想，为了提升督导工作的水平，通过思索把感性体会提升到理性结论的高度。

二、探索点上的督导

如何通过听课后提高对青年教师的“传、帮、带”水平，是我们督导专家的重要工作之一，这一工作的意义在于：

（1）变自我摸索为持续给力下的改善教学过程。

在督导专家的指导下，青年教师在熟悉课程和掌握讲课技法上，循正确方向、少走弯路地获得有效成长。

（2）变被动性提高为习惯性进步的提高教学质量。

在督导专家的帮助下，青年教师由被动地提高讲课水平，转变为主动改进教学，并且形成良好的自觉提高的习惯。

然而，青年教师的成长绝不是一朝一夕就可以成熟的，必然要有一个长期提高的过程。为此，需要改进我们的听课做法，我领悟到把面上的评点改变为点面结合的指导，是一个值得尝试的做法。

2010 年 -2011 年第 2 学期我进行了一个实验，出发点在于为国家级精品课程材料力学输入年轻的新鲜血液，我对于固定的青年教师，采用一帮一跟踪督导的方式，具体做法分成三步：

（1）青年教师助课学习阶段。

在2010年—2011年第1学期，我让她听我讲课，和自己做习题作业，进行业务的提高。

（2）青年教师系统准备上课阶段。

利用暑假让她反复收看校园网上我讲“材料力学”的视频录像。

（3）老教师课堂上跟踪指导阶段。

2010年—2011年第2学期在她讲课时我去听课，针对讲课中课程理解和课堂讲授的问题，予以手把手的指导。

通过上述点上督导，对年轻人“传、帮、带”，表明这确实是一条可行的途径。我感到这种做法具有面上督导不具备的细致、完善的特点，因此我建议设立一项“老带青”的点上督导项目：

（1）遴选青年教师。

让学校各学院的国家级或北京市精品课程进行申报，通过申报选出8名教学为主型的青年教师作为点对点的培养对象。

（2）招聘指导教师。

在退休的对应课程的老教师中招聘一帮一导师，优先从督导专家组中选聘。

（3）结对运行帮辅。

通过“老带青”的帮辅对子，争取在2011年—2012年第1学期开始项目运行。

（4）总结和验收。

一年后进行总结和校级验收。

（5）经费支持。

建议学校对每个项目拨款2万元作为建设费用，8项资助之和为16万元，我看这是值得的。因为这样既发挥了8位老专家的作用，又培养了8位教学为主的年轻才俊。

点面结合的督导，应当以面上为主、点上为辅。

作者：隋允康，北京工业大学机械工程与应用电子技术学院教授，校教学督导专家组组长。

“教学原则”及其在督导工作中的参考价值

张继尧

做了七八年的督导工作，不能说什么经验、体会也没有，但总是觉得浅陋而又没有把握，不如把我开始接手这一工作时阅读过的一些资料介绍出来，供有兴趣的同行参考。

当时（2006年）我查阅这些资料是出自如下的考虑：我是从综合大学毕业后就到高校从事教学工作的，始终没有专门学习过在师范院校开设的那些研究教育、教学理论的课程，因此我意识到自己来做教学督导工作，会有一定的“先天不足”的缺憾。这是靠几十年教龄积累起来的教学经验所不能代替的。

我当时所能查阅到的较为成熟的资料，首先是苏联著名教育家凯洛夫的著作，凯洛夫在《教育学》中关于“教学过程的本质”的论述，强调了一个观点：教学永远具有教育的作用。

在“教学原则”这一节中该书列出了如下几点：

（1）在掌握知识的过程中，学生的自觉性和积极性原则；

（2）教学的直观性原则；

（3）教学上的理论和实际相结合原则；

（4）教学的系统和连贯性原则；

（5）掌握知识的巩固性原则；

（6）教学的可接受性原则；

（7）在教师对班级进行集体工作的条件下，对学生进行个别指导的原则。

凯洛夫的《教育学》是20世纪50年代的著作，60年代苏联的教育家们曾出版过一本《教育论》，这部书在讲到“教学原则”时，基本还是重复了凯洛夫所列出的几条，但是又突出地补充了一条，并且列为第一条，即“教学的科学性原则”，该条强调教学中要让学生“巩固地掌握在现代科学中已经确定了的科学原理”，“尽可能引导他们去了解现代科学和技术的成就”。

在《教育论》这部书中，我还注意到了一个有一定参考价值的内容，即他在“上课是学校教学工作的基本组织形式”这一章中，专门写了一节，标题是“一节成功课的特点”，还特别注明是“苏联优秀教师授课所共有的特点”。内容是：

（1）应该根据一节课的目的和各年龄阶段学生的成长水平来精确地规定一节课的内容；

（2）重视课与课之间的前后联系；

（3）一节课的教学与教育的统一；

（4）在一节课的所有环节保证学生的积极性；

（5）保持整节课的学习纪律，教师要把他任课的这个班作为一个集体来培养；

（6）最有效地利用一节课的时间，在一节课时间内教师要始终围绕这节课的基本目的，时时刻刻关心全体同学，在课上不浪费一分钟时间；

（7）保证上课所需要的一切准备；

（8）注重课的完整性及其效果的显著性，使师生都感到授课水平在提高。

为什么要介绍苏联的东西呢？纯偶然的原因是：我当时比较容易、比较方便地接触到了有关书籍。今天回忆起来，在几年的教学督导、评课工作中，上面介绍的两本专著中的一些内容，曾引导了我的注意力。例如调动学生的积极性、教学和教育的统一、教学内容的系统性、最有效地利用一节课的时间等原则，都曾是我在评课中比较注意的方面。因此我介绍这些资料，也是从一个角度汇报我的工作。

教育教学的规律，既有普遍的规律也有特殊的规律。特殊规律的形式，即来自学生年龄段和成长水平，主要是大、中、小学的差异；也根源于时代、民族、社会条件的制约和局限。上面介绍的苏联教育学专著中的内容，对于不同阶段教学来说，相当于“普遍规律”，并没有特殊地反映出大学教育、教学的特点。如果运用到大学阶段教学中，所谓“教学原则”，显然应该增加“学生的主体性”和“能动地参与性”原则。今天，在大学的课堂中，如果教师的教学不能得到课堂主体学生的欢迎和认可，没有学生的参与和发挥，就难以被认定为“成功的”课堂教学了。当然，苏联的教育学著作，对这一原则强调不够，大概不仅是因为它并非专对高等学校的教学而言，而且有可能还反映着当时的时代和社会条件的局限。在此就不做过多的讨论了。

总而言之，教育学从教育教学实践中总结概括出来的，成熟的经验和理论，毫无疑问是有广泛的参考价值的，凡是适用于当今实践的内容都是应该汲取和遵循的。正如我们的老校长樊恭烋先生所说的“教学所研究的规律是高等学校办学规律的主体”。回到我们的话题中来，苏联教育在那个年代不能说是最先进的，尤其是教育观念更谈不上先进，但是他们的教学工作和教育教学研究曾经是取得过巨大成就和丰厚成果的，至少在航空航天领域是如此。因此，他们的教研成果，对于我们今天的实践和研究，肯定是有参考价值的。

作者：张继尧，北京工业大学人文学院教授，校教学督导专家。

我的督导工作重点与实践

谷祖强

我参加本科教学督导工作12年，依据我校本科教学督导工作条例规定的职责和要求，参与了教学各个环节的质量评价和反馈工作，以及教学研讨交流、师资培养等活动，工作重点尤以机电学院为主。通过亲身经历，我深刻体会到，做好教学督导工作，对稳定、促进、提高本科生的教学质量；促进师资队伍的建设，促进教学管理工作规范化、制度化具有非常现实的意义。下面谈谈我指导工作的重点与实践。

一、把青年教师的培养放在督导工作的首位

自20世纪90年代末，一大批老教师先后退出教学岗位，青年教师的比例突增，为防止教学质量不因此出现滑坡，迅速提高这支青年教师队伍的教学水平是当务之急。学校十分重视这项工作，采取了一系列有效措施，加强教学督导工作就是其中之一。古人云：十年树木百年树人。这句话说明了人才培养的长期性和重要性，师资队伍建设也是如此，只要思想重视，措施得力，就会更加速这支队伍的成长。

在和青年教师打交道的教学督导工作中，我坚持一个原则就是平等相待。在师生关系中，我们提倡教学相长的精神，以利于与学生之间的沟通和理解。同样，在与青年教师交往过程中也要体现这种精神，态度上突出“关爱”二字，工作上突出一个“导”字，使青年教师愿意与你接触，主动与你接触。在与他们的交往过程中，我深深感受到他们强烈的求知欲望、诚恳的态度。有位讲“测试技术基础”的青年教师，每次都把听课专家的意见和建议摘录在本子上。当你第二学年再听她的课时，她会告诉你上学年给他提了那些意见，他采取了哪些措施，态度非常认真。

我坚持鼓励为主，多给动力，少给压力的原则。刚走上教学岗位的青年教师，帮助他树立信心是非常必要的，督导过程中要多给鼓励，问题要指出，优点也要充分肯定，后者的作用不亚于前者。一位讲理论力

学的教师，第一次听她的课时就感到她具有很好的讲课潜质，在课后的交流中充分肯定了她的特质。多年之后他还仍然记得当时的评价，感到是一种鼓舞和动力。

在导教过程中，我指出了青年教师在教学方法和教学内容上易出现的问题，以引起他们的重视，并提出解决问题的建议。

（1）在教学方法方面，青年教师常常自信心不足、讲述平淡、缺乏激情、启发少或启而不发、师生互动少、独唱独白、不注意观察学生的听课反映、过分依赖多媒体课件、不能合理利用板书，不能严格课堂管理等。

（2）在教学内容方面，青年教师常常不突出重点，讲不透难点；缺乏理论联系实际的能力；对相关课程的内容不够理解，体现不出讲授的继承性和渐进性。

对以上问题，我提出了改进教学方法的建议：

（1）青年教师要牢固树立以学生为主体的教学理念。理念是教学方法的核心，教师的任务是激发学生的学习热情，学习兴趣，调动学生的积极性、主动性和创新意识。

（2）青年教师要有爱心。爱教育事业、爱学生，多与学生交流沟通，多听学生的反馈意见。

（3）备课不仅是备内容，更要注重备教法，后者花费的时间和精力要远大于前者，教法中的许多问题在备课中都要设计好。

（4）多听一些优秀教师的讲课，取其所长。

（5）要注重课堂效果，不要片面追求进度。有的教师常以怕影响进度为由不采取启发式、互动式的教学方法。

（6）勇于实践，勤于总结，逐步形成自己的特色。

我还提出了改进教学内容的建议：

（1）加强理论联系实际。教师讲课能否联系实际，与教师本身有无工程背景很关键，同时也和教学理念和教学内容的组织相关。在专业基础课和专业课的教学中，学生希望教师不仅要讲清楚是什么，还希望能讲清楚为什么，有什么用和怎么用。特别是高年级的学生，很重视能力的提高，凡是不能理论联系实际，不能讲清有什么用和怎样用的课程，学生就没有听课兴趣。如何改进是教学督导中我们经常和青年教师共同探讨的问题。提出以下主要建议：①改变先概念再案例的常规讲授顺序，提倡先从实际问题中引出概念，有利于提高讲课目的性；②加大案例教学力度。如“控制工程基础课”，由于教师能坚持结合案例引出概念，结合案例使学生理解、深化应用概念，改变了过去学生反映：“内容抽象，学了不会用”的状况；③有些专业选修课可以采用以“典型人物组织带动教学”。如“机械 CAD”课，教师讲第一遍时，基本上按照教材的内容和顺序。结果是学生不满意，结合一个典型设计实例把内容串联起来，使学生学了知道怎么用。最后教师采用以“带传动设计”课题带动教学，使第二遍的教学效果明显改善。

（2）深入领会教学大纲的要求，突出重点，讲透难点。

①初讲课的教师，总想把教材中的内容都交给学生，结果使内容多而杂，重点不突出，好心收不到好效果。

②每次课学生应该掌握的重点内容有几个？是什么？教师不仅要明确也要使学生明确，写教案时，要有意识地分散重点和难点，一堂课重点和难点不能太多。

③解决好难点问题，非短期就能奏效。首先要精通、深刻领悟教材内容，多阅读相关教材和教学参考资料，从比较中受启发，力求使抽象问题形象化，复杂问题简化。

④多媒体课件要简要醒目，图文并茂，有些课程应以图表为主。

（3）要了解相关课程内容，如讲“理论力学”不仅应了解高中物理、大学物理的相关内容，同时还应熟悉与该课联系密切的后续课，如材料力学，机械原理、机械设计。有的教师讲案例时，画的结构原理图不规范，讲解也不够准确。原因是对结构学不熟悉、特别是给机电类专业讲“理论力学”的青年教师，必须熟悉机械原理和机械设计内容，有助于提高讲课的准确性和理论联系实际。其次是避免内容的不必要重复。在专业选修课中，重复性的内容屡见不鲜。如“传感器”，在专业基础课“测试技术基础”中作为重点内容之一已经讲得较透。而有的专业课教师并不知情，在后续专业选修课中仍然按照新内容讲授，作不必要的重复。教学是一项系统工程，教师不仅要清楚自己讲授的课程在整个知识系统中的地位和要求，也要清楚课程之间的联系。

二、毕业设计的全过程质量监控

毕业设计是实践教学的重要环节，规范毕业设计的全过程质量监控是机电学院非常重视的一项工作。整个过程包括：申报课题、审查课题、开题报告答辩、初期检查、中期检查、毕业设计答辩。

机电学院实行导师制。学生从大四第一学期，就进入毕业设计的准备状态。在该学期期末之前，完成课题申报、课题审查、开题答辩。以08 级毕业设计为例，督导组对申报的 160 多个课题逐一审查，对其中的

60 多个课题提出异议或修改意见。每届的开题答辩都有少数学生不能通过，需要重新准备，进行二次答辩。

毕业设计的中间检查分初期检查和中期检查两步，初期检查在第五周进行，重点检查学生进入毕业设计的状况如何，内容有：

（1）毕业设计任务书的规范化。重点检查初次指导毕业设计的青年教师，因为他们填写的任务书多不规范。2009 年学院曾把毕业设计任务书列为检查的重点逐一检查，不规范的一律重新填写。

（2）检查学生进入毕业设计的状况，准备工作是否规范（调研、资料收集）？任务和要求是否明确？技术方案是否形成？难点是什么？存在什么问题？指出应该注意的问题，启发、引导学生按进度完成课题。

（3）硬件条件及教师指导是否到位。

中期检查在第九周进行，进度是重点。学院要求指导教师普遍进行中期检查，学生提交中期检查报告，最好能安排中期检查答辩，也曾想把中期检查成绩体现在毕业设计的成绩中，但没有落实；严把毕业设计关。凡评优论文，需个人申请，导师推荐，报学院组织统一答辩，优秀率控制在 10% 至 15% 之间。少数学生存在某些问题，答辩组认为论文还需要进行适当修改或完善，给予暂缓答辩的机会，修改后二次答辩。二次答辩不通过者为不及格。

三、汇聚集体智慧，与学院保持密切联系

汇聚小组成员集体智慧，与学院保持密切联系是做好学院督导工作的保证。

机电学院督导组成员都是机电学院的老教师，对学院的历史和现状都比较了解，是开展工作的有利条件。为使督导组的工作与学院的工作协调一致，学期初要听取学院领导介绍本学期的工作计划及对督导工作的建议，确定督导工作的主要任务和目标，其中要参加学院的期中教学检查活动，并尽可能地参加学院举办的各项教学研讨和交流活动，经常保持与学院的沟通与联系，提高工作的针对性和目的性。

教学督导中，涉及许多评价性和引导性的工作内容，为了提高督导工作的质量和效果，一是要重视提高自身的素质，二是要重视发挥小组成员的集体智慧。经常开展研讨性的工作，形成比较统一的认识，使评价意见力求全面、准确，不出现明显差异。

作者：谷祖强，北京工业大学机械工程与应用电子技术学院教授，校教学督导专家。

谨督慎导　扶新荐优

江少林

这几年，我参与的督导工作不算多，在工作实践中，对于怎样做好督导工作仅有一些点滴的认识和思考，这里不揣简陋，与大家交流。

一、更新观念　谨督慎导

我接受高等教育是在20世纪60年代。当时高校的教学是以传授知识为主，在学生心目中，课上能把内容讲清讲透、课下能答疑解惑，另外能推荐几本好的参考书的老师，就是好老师。

20世纪80年代初，我来北京工业大学开始任教。在将近30年的教师生涯中，适逢我国实行改革开放的基本国策，教育战线为适应经济社会发展的需要，不断深化改革。

从我校的本科教学来说，我亲身经历的变化就包括：人才培养目标由当初的“培养适应社会发展需要的合格人才”，变为现在的“培养高素质应用型创新人才”；教学管理制度由原先的学年制，变成了学分制；本科招生规模翻了两番，在一定程度上由“精英教育”转变成“大众教育”；课程的教学目标，从过去的以传授知识为主，变为努力实现学生知识、能力、素质的协调发展；在知识的讲授中，从过去的把知识讲清楚，变为更加注重引导学生沿着发现知识的路径去构建知识；在能力的培养中，从注重学生分析问题、解决问题能力的培养，扩展为更加注重学生提出问题、自主学习和探究、实验动手、创新思维等能力的培养；在素质的养成中，从注重培养学生的社会责任感和严谨求实的作风，扩展为还要注重培养学生的创新意识和团队精神；在教学方法上，从倡导启发式教学，发展为还同时倡导探究式、讨论式和参与式教学；在教学手段上，从“粉笔加黑板”的传统模式，发展为“多媒体课件加板书”的现代模式；在师生交流方式上，从过去的仅限于面对面交流，发展为还可通过手机、网络等工具进行全天候交流；在师生关系上，从过去的强调“师道尊严”，变为现在的“以学生为本”；在教师队伍的结构上，从当初的以中老年教师为主体，变为现在以中青年教师为主体，从过去几乎清一色的本科学历，变为现在多数教师拥有博士学位；在学生构成上，从过去全部是北京生源，变为现在有部分外地生源，从过去的非独生子女，变为现在的几乎都是独生子女；等等。

上述方方面面的变化，自然导致本科教学理念、教学评价标准和教学导向的相应变化。我们面对新的形势，要做好督导工作，就得注意学习，更新观念，与时俱进。如果说过去自己作为教师，思想观念一时未跟上形势，对工作造成的影响只是一个点的话，那么现在身为督导专家，我造成的影响就是一个点集甚至是一个面了。基于这一认识，我在工作中常常提醒自己，要谨督慎导，要用新的眼光来看待现在的教师和学生，要多看到他们身上的积极因素，要鼓励教师进行教学改革和创新，千万不要因为看到新事物的不足之处就排斥新事物，也不要在试图指导新人时把他们引向了旧的方向，要注意避免旧眼光下的“督”和墨守成规的“导”。

二、客观评价　鼓励探索

在督导工作中，如何具体地对一堂课或一位教师的教学表现作出评价是最常遇到的事情，也是非常重要的工作。怎样做好这项工作呢？我觉得，主要应把握两点。

一是客观公正、一分为二。客观，就是严格按照“听课评价表”中的指标要求进行评价，避免受到自己过去教学风格的倾向性影响；公正，就是坚持对所有被评价的教师采用同一评价标准，不受教师的隶属单位、年资高低、与自己的熟悉程度、既往印象等因素的影响。在评分上，虽然不可能做到绝对准确，但一定要做到相对合理，评分的高低应大体反映不同课堂教学状况或不同教师教学表现的差异。一分为二，就是肯定优点，指出不足。事实上，再好的教师也不可能完美无瑕，再差的教师也不可能一无是处。作为督导专家，我们要做到旁观者清，通过听课往往能够发现教师本人没有意识到的一些优缺点，对其给出中肯的评价和善意的提醒，或许能帮助教师更客观地认识自己，不断提高教学水平。

二是突出亮点、鼓励探索。不同教师由于性格、兴趣、特长等方面的差异，在教学中也会表现出不同的特点，有的讲课充满激情、声音洪亮，有的则是不温不火、娓娓道来；有的口齿伶俐、语速较快，有的不紧不慢、要言不烦；有的对教学内容钻研较深、善于引导学生深入思考，有的知识面较宽、善于将新的信息和素材融入教学；有的擅长启发式教学、能引导学生一环接一环地积极思考，有的擅长参与式教学、能发动学生积极参与对问题的讨论；有的板书工整、中规中矩，有的课件新颖、生动直观；等等。事实上，一所学校正是因为拥有不同风格和特色的教师，才会使教学充满活力，也才能使学生见多识广，增强适应能力和学习能力。我们在听课中应注意发现教师的独具个性的亮点，鼓励教师逐渐形成自己的教学风格和特色。此外，教学改革是提高教学质量、培养创新人才的必由之路，也是我们在督导中应重点关注的一个方面。近些年，许多教师在教学内容、教学方法、教学手段和考试方法等方面尝试进行改革，求新求变，取得了良好的效果。这些教师敢为人先、不畏劳苦、积极探索的精神，应该得到充分的肯定和赞扬，我们应鼓励他们再接再厉，精益求精，使改革日臻完善。

三、扶新荐优　呵护新苗

青年教师是学校的未来，帮助青年教师尽快成长是我们老一辈人义不容辞的责任。近十余年，我校引进了一大批具有高学历的青年教师。他们朝气蓬勃，好学上进，活跃在各自的工作岗位上，为我校的发展带来了巨大的活力。

青年教师的优势在于思维活跃、善于接受新事物、勇于创新和迎接挑战，劣势在于欠缺经验。那么，身为督导专家，我们应怎样帮助青年教师成长呢？我的想法和做法是，以鼓励为主，因人制宜。对于少数有教学天赋、特点突出、教学效果好的青年教师，我在听课后充分肯定他们的优点，并希望他们进一步努力，追求完美，同时，将这些教师的信息及时反馈给有关领导，以便重点关注和培养。对于大多数教学态度认真、工作投入、表现良好的青年教师，我在听课后充分肯定他们的工作，鼓励他们继续努力，同时指出讲课中的薄弱环节，建议他们多与学生沟通，倾听学生的意见，以改进教学方法，提高教学效果。对于极少数教学投入不足、讲课中出现较大问题的青年教师，除了在听课后对其指点之外，我还同其他督导专家一起，通过约谈的方式，帮助其分析原因，找出症结，敦促其尽快以新的面貌出现在讲台上。此外，对于主动求教的青年教师，我一定与之平等交流，将自己多年的经验教训告诉他们，使他们少走弯路；对于新上课或准备参加教学比赛的青年教师，只要他们开口求助，就一定给予真诚的实实在在的帮助，等等。

督导工作其实内涵相当丰富，要真正做好督导工作其实并不容易，我将继续努力去做，为提高我校的教育教学质量贡献一份力量。

作者：江少林，北京工业大学应用数理学院教授，校教学督导专家。

教学督导

——加强青年师资队伍建设的有效途径

刘秀兰

为贯彻《国家中长期教育改革和发展规划纲要 2011－2020》精神，落实学校“十二五”发展规划中针对本科生提出的：把学生培养成通用能力（数学、英语和计算机）强、有创新和实践能力、具有高度的社会责任感、公民道德和国际视野的高素质应用型创新人才，构建研究型大学人才培养体系和计划等目标，其实施的重要前提和条件是，要打造一支高水平的具备良好的职业道德、创新能力、教学实践等业务能力强、综合素质高的教师队伍。

人是第一要素，教师是教育的主体，直接决定了高素质创新型人才的培养质量。随着近年来退休高峰的到来，大批年轻学者加入到教师队伍行列，要做到实现学校各项建设事业的蓬勃发展，加强青年师资队伍建设的问题就提到议事日程上了。

教学督导专家组（以下为——专家组），在学校教务处的统一部署下，参与本科学生培养全过程。包括：教学计划制定、期中教学检查、学期教学总结、毕业设计中期及答辩情况检查等。与此同时，还在专家组和青年教师之间自然搭起了一个“促进发展平台”，以充分发挥专家组在师资队伍建设与培养中，不可替代的作用。

一、教学督导专家组严把入职任教第一关

青年教师培养是一个系统工程，是集职业理想、职业道德、学业知识、教育和科研能力等诸方面不断开拓发展的过程。专家组不负众望，甘于奉献，老有所为，以实际行动为学校的发展贡献力量。大家凭借着几十余年的教学和科研经验，孜孜不倦的学习精神，以及浓厚的工大情结，从青年教师入职任教的第一天起，就关注他们的成长。新教师助课制度，是我校一大特色。严格的校、院两级助课汇报与考核，使他们在

入校的第一时间，就清晰地了解学校对教师明确的要求，以及如何做一名合格教师。

人们常说："良好的开头，是成功的一半"，在学校各种评价体系当中，教学水平总是显示教师综合能力的重要参数，专家组希望每一位新教师，从入职开始就"做好功课 打好基本功"。为此，在新教师助课试讲环节，大家认真翻阅每人的教案，仔细听着所讲教学内容的每一句话，目不转睛地看着电子演示文稿上显示的每一个公式、文字及图表。专家组从严要求，针对每人所讲的内容、从课程的重点、难点到课时的合理分配；从基本概念和定理的讲解到课堂教学对逻辑性和层次性的要求；从教学方法的运用到电子演示文稿、板书的显示效果；从讲台上的站姿、仪表、风度到讲话的声音、语调、语速等各方面，都给予了详细而具体的指导。就拿我院刚刚完成助课培养环节的四位青年教师来说，老教师们语重心长的话语，直言不讳的点评，由衷的要求和希望，给了他们以极大地鼓励与鞭策，也使他们看到了自身存在的不足，树立了在未来的发展之路上争当一名合格教师的决心。他们的学历背景不同，也有不同的国内外学习与工作经历，无论你是"海归"，还是刚毕业的博士生，来工大任教必须要通过这第一关'助教培训'的考核，合格者才有资格给本科生开课。

二、专家组多种形式指导时刻不忘传、帮、带

近年来我校青年教师在全体教师中的比例已超过70%，实现青年教师的群体发展，提高教育教学整体水平，迫在眉睫。专家组结合实际采用多种形式进行传、帮、带，促进教学质量的提高。

以电控学院为例：学院平均每学期有80余人开课，被专家组听课评课的教师占电控学院全教师的比例约为35%，由于"评职称，讲双语"的教师所授的课程为专家组必听的，而这类教师绝大多数是青年教师，所以专家组所听的课程绝大多数是由青年教师讲授的课。老教师们利用每次督导听课的机会，及时对任课教师的教学内容、教学方法、课堂掌控能力、电子演示文稿显示效果等各方面进行综合点评与交流；对于个别青年教师所讲内容有误，会及时给予指出和纠正；针对有的青年教师只顾讲课，课堂秩序不好也不敢大胆管理学生的情况，也会明确地提出意见与建议。专家组的老教师们以满腔热忱，关心青年教师的成长，结合每人的情况因人而异，采用不同的形式进行教学指导和帮助。此种教学督导与教学指导相结合的方法，立竿见影，对于提高青年教师的教学

能力效果十分明显。对于专家组一致认为教学效果差，提出整改意见也没太大改变的教师，专家组及时与学院教务部门联系，建议学科部采取有效措施，确保教学的效果和质量。

学校各学院十分重视发挥专家组的作用，利用各种机会听取专家组意见和建议。2012年初，电控学院为推荐参加学校两年一次的“青年教师教育教学基本功大赛”参赛选手，特请专家组老教师做嘉宾评委。为了保证代表学院参赛的教师能取得好成绩，专家组义不容辞全力配合学院教务科，不厌其烦多次参加“实赛演练”，从竞赛内容、电子演示文稿上的动画演示、语气语调的阴阳顿挫等各个细节上给予具体指导。有了老教师的亲自把关和示范，参赛教师信心倍增，决心舞出自己的精彩，展示自己的一片魅力天空。几位青年教师试讲的效果一次比一次好，并在学校基本功大赛中获得令人满意的成绩。

功夫不负有心人，专家组始终密切配合学院，在有利青年教师成长的各种赛事中，全体出击保驾护航，为取得好成绩献计献策。近几年由电控学院推荐参赛，竞赛出线，并代表学校参加北京市乃至全国的青年教师教育教学基本功大赛的选手，均取得第一名的好成绩，不少优秀的青年教师脱颖而出。优异的成绩不仅属于参赛者本身，也为身边更多的青年教师树立了榜样，还为学校、学院赢得了荣誉，教学督导专家组功不可没。

三、结束语

青年教师是学校各项事业可持续发展的决定性力量，加强青年师资队伍建设是一个永久的话题，不能一蹴而就。为了实现学校“十二五”规划提出的，要基本实现从教学研究型大学向研究型大学的战略转变这一目标，教学督导专家组秉承“不息为体，日新为道”的精神，以指导和培养青年教师为己任，坚持创新理念，继续探讨和研究培养青年教师的方法和途径，推动学校教学质量工程建设和校风、教风、学风建设，续写教学督导专家组老有所为的新篇章！

作者：刘秀兰，北京工业大学电子信息与控制工程学院教授，校教学督导专家。

高等教育之教学质量与教学督导

李宝富

教学质量是高等教育的重中之重。因此加强教学工作的指导与教学质量的评价，在高等教育大众化进程中显得日益紧迫和重要。目前高校在不断完善教学运行系统和质量督导系统，以完善教学运行与质量督导机制、评价指标体系等为切入点，进一步健全高校教育教学科学化管理工作。

一、高等教育之教学质量

高等学校扩招，使我国高等教育加速从精英教育走向大众化教育。这一重大举措得到了社会的充分认同，但规模的扩大也使高等教育质量问题随即成为社会关注的焦点。把好教学质量关，稳步提高高校的教学质量是培养高素质人才的保障。

1. 高等教育的人才观与人才质量观

谈及高等教育的教学质量首先要涉及高等教育的人才观与人才质量观。大家知道，高等教育的人才观是教育思想的核心问题，有什么样的人才观就会有什么样的人才质量观，也就会有什么样的教育内容、教育结构、教育方法及教育评价体系，培养具备合格品德素质及高级知识素养和能力素质的高级人才是各个高校的职能本质。科学地确定人才培养目标与规格是大学办学的首要课题，高等教育人才质量观是对培养质量的基本看法和评价，是对人才观的印证。对高校教育质量的最终判定要看学生走向社会以后对社会的贡献，评价高校的教育质量如何，其根本点是学生的品德、知识、能力等综合素质培养程度及其社会表现。由此可见，高等教育的人才观与人才质量观反映了高等教育价值取向和具体行为的辩证关系，即一定的人才质量观反映了一定的人才观。在教育过程中人才观与培养目标息息相关，质量观与教学任务、教学评价密不可分，人才观指明了高等教育人才培养目标和规格，给教育工作确立了方向，人才质量观明确了教学任务指标，同时也为教学工作的质量评价作了理论和思想上的准备。

在人才培养过程中，大学课堂不仅是传授知识的殿堂，而且是培养学生品德意识及思维方式、方法的教场，因此，提高课堂教学质量是提高高等教育人才培养质量的关键。

2. 高等教育的教学质量与教学质量观

高等教育的“教学质量”在教育理论界尚无一个严谨 、明确、统一的定义，一般有几种观点，其一曰：教学质量是指实施教学后所达到的效果（学生所获取的知识、技能和品德）符合教育目标要求的程度（良好、较好、一般、较差等）。其二曰：教学质量是指受教育者对学校人才培养活动的过程及结果的期望和追求。其三曰：教学质量是指社会公众对教育实施结果的评价。如此等等不一足论，但概括之可以看出，高等教育的“教学质量”是在高校人才观指导下，对受教育者按照一定培养目标任务实施教育教学的效果及反映，是由教学目标、教学标准、教学过程以及教学组织与教学手段、教学条件等因素构成的教学效果。

高等教育的“教学质量观”实际上是对教学质量的价值判断，进行价值判断必须依据某种标准，例如市场标准、学术标准、利益标准、道德标准等。其内涵不外乎两点，其一是统一性质量要求标准，其二是多样性人才合格标准。特别是在现代教育的理论要求下，若想判断教育质量优差，则更注重教学过程和效果的结合性、综合性、全面性，注重受教育者的人文素质与科学素质的结合，注重创新能力和实践能力的表现。

3. 教学过程的研究理论剖析

现代教育方式主要是以课堂教学为主。教学过程的理论研究表明，其教学过程是一项复杂的与多种因素相关的系统工程。在组织教学过程中，学校要根据人才培养目标和教育质量目标，建立起规范的、科学的、操作性强的教学运行机制，在实施教学过程中关注教学中的教育者、受教育者、课程教材、教学方法手段等几方面的目标统一性，关注其对教学质量的提高是否切实起到促进与保证作用，力求真正调动教与学的积极性，达到几方面和谐互促，培养高素质人才的目的。

（1）“讲授学”观点。“讲授学”又称“教学理论”，是研究教学过程中教与学的关系及规律的学科。“讲授学”认为：教学是由教师的教与学生的学所构成的特殊的认知活动，教学活动中的矛盾是多方面的，其中最主要的矛盾是教师与学生在双边活动中知识传授之间的矛盾。教学应遵循人的认知规律，强调对受教育者心理活动的探索，认为教学要按照实现真正理解事物与逐渐理解事物的顺序进行，既按“明了、联想、系统、方法”等几个阶段的程序来组织，又要加强教学中教师、学生、教材、手段等几个主要因素组合效果的整体研究，强调对教学规律的研究与遵循。

（2）“课程论”观点。“课程论”又称“课程研究”，主要研究教学计划的制订，课程设计、课程演变等理论。课程即课业与进程，“课程论”认为教学课程的设置要符合四结构间关系，即要符合社会的、学生心理的、学科知识的、课程体系结构的相互关系，只有这样，其课程的设置才是科学合理的，教学内容才是有益的，其课程的开设才足有成效。

（3）“教材学”观点。“教材学”主要是研究教材建设的理论与方法的学科。涉及教材的编写、选取、使用、比较等内容，“教材学”强调了教材体系的最优组合及教材的充实更新。“教材学”认为，教材是教与学矛盾长期相互作用而产生和发展的一种特殊知识载体，是解决教与学矛盾的一种工具，教学组织中必须保证教材内容的科学性、经典性、先进性和相对稳定性，保证各课程教材组合的渐进性、综合性、规定性、易懂性。

（4）“考试学”观点。“考试学”主要研究考试制度、考试内容、考试方法、考试组织等内容。“考试学”认为，考试是通过书面答卷、口头询问、实际操作等方法来测定、鉴别学生的知识、能力、素质水平的一种手段。目前高校要研究考试制度的科学性和局限性，研究考试内容、考试方法、考试组织的严谨性、适用性，特别关注考试命题的研究和考试方法的研究。

通过教学过程理论的剖析，可以使我们看出，学校教学质量的高低是由师资队伍、课程建设、教材建设、教学辅助手段等多方面因素决定的，而这些因素又是十分活跃并处于不断变化之中，只有对这些因素的变化规律进行研究、把握及检测，才能不断提高教学质量。

4. 教学质量标准的判定

课堂教学是传授知识的基本方法，是培养学生思维方式的重要途径。因此，提高课堂教学质量就成为提高教学质量的关键。但是由于教学质量效果显现的滞后性，使我们对准确、及时的判定教学质量有一定的难度，因而对提高教学质量的效果要建立正确的判定思想。

（1）教学效果和绩效的判定复杂性。教学的效果和绩效不像有形商品生产和服务那样易于计量，也不像科学研究那样有同步可见的成果，教学的成果通常在很长时间内表现得并不明显，甚至连教师、学生自己也感觉不到，致使教学效果的测量较难。另外，教学质量管理比有形商品生产和服务的质量管理也要复杂得多，甚至比科研管理还要复杂。但是就其质量管理思想、质量管理原则来讲，与有形商品生产和服务企业也有着共性。许多质量管理理论对于教学质量管理具有同样重要的借鉴意义，其质量管理体系的理论基础也可作为教学质量管理的原则。

（2）实现大学教学质量目标，也要遵循相应的质量管理理论。现代质量管理的闭环理论认为：一个有效的质量管理体系，即质量合格控制系统，应该由质量目标设计、质量过程控制、质量反馈修正、质量循环改进等环节组成，据此理论设计教学过程，将可以向学生提供更好、更科学规范的教育、教学服务，使学生接受高水平教育的要求和期望得到满足。

教学质量标准的相对性和绝对性。任何衡量标准都带着时间与时代的标记，教学质量判定标准同样存在着它的相对性和绝对性。对一定时期而言，符合社会与公众需求的教育教学就是好的教学，其质量标准是有效和适用的。随着时间的推移，社会与公众的需求有了升华，其原有的标准就不适应了，就有了更新的必要。笔者认为，是否符合社会和公众的需求，是教育教学质量判定的最终尺度。这其中存在着教育教学内涵的不断调整更新，存在着衡量标准体系的适时设定与组合。教学质量标准的相对适应性和绝对变动性规律将不断引导人们对教育运行的准确把握。

5．改进课堂教学的几个关系

持续地改进与完善课堂教学，积极地引进现代教学内容和教学方法，高效率地加强知识与能力的学习与培训，是高校人才培养工作的持久主题，也是引导高校发展的不竭动力。

（1）教学内容的科学性和合理性。高等学校组织教学和选择教学内容要定位准确、要求合理。针对不同专业要求和教学对象确定教学内容，明确其重点、难点和讲授方法。特别要注意让学生掌握知识产生、发展的历史与逻辑过程，使之能知其然又知其所以然。课堂教学内容应是从书本及实践中提炼概括出来的要点，要始终注重教学内容的更新和拓展，使教学和科研相结合，及时将一些过时的内容删减。不断将科研成果、学科前沿发展动态信息引入课堂教学，努力营造活跃的课堂学术氛围和信息互动，引导学生更加关注的，并学习和掌握最新知识。

（2）教学内容与方法的辩证统一。教学内容选定后，采用恰当的教学方法讲述才能收到良好的教学效果。例如采用启发式、研究式、讨论式等方法，引导学生积极思维，留给学生充分的思维空间、创新空间，通过提出问题、分析问题、解决问题的学习过程，让学生逐步学会分解重点、难点，把复杂的问题分解成几个简单的问题，从中寻找到答案。从中得到思维方法的学习与训练，将授之以“鱼”转为授之以“渔”，贯彻现代教与学的重要理念，使掌握知识与训练方法并重。

（3）把握教师与学生的积极互动。在教学中要实现教学互动，要尊重学生在教学中的主体地位，要以人为本，培养学生的思维与创新能力。实现教学中的师生互动，被动的学习才能变成主动的探知，才能达到高质量的教学效果。为了实现教学互动，要精心设计教学过程中的各个环节，使之能够在启发学生思维，调动学习者的积极性和主动性上起作用。另外教师的教学语言要有吸引力、感染力，要能运用幽默语言调适课堂气氛，做到深浅适宜、张弛有度。要以教师良好的情绪和饱满的教学热情，对学生的感知、记忆、想象、思维等认知活动产生重要影响。

（4）积极引入最新教育技术和教学手段。传统的教学多是以粉笔和黑板为主进行知识传授，教师们仍要充分发挥它们的作用。随着科学技术的发展，我们处于教学技术手段不断变革的时期。我们的高等教育要根据专业、课程和教学内容的需要，不断引入新的教育技术和教学手段，强化手段与课程的整合，充分发挥多媒体技术在教学中的作用，积极运用教学课件的信息密度高与图文并茂特色，推进教学方法的变革。必须看到现在的教材、课堂、讲授、练习、作业、考试等学习形态都可能孕育着新的更佳的形式和方法，时代的发展要求从事教学与管理工作的教育工作者必须用强烈的教学发展意识面对教与学方式的革命。

二、高等教育之教学督导

为了保证高等教育的教学质量符合教育目标和人才标准，必须在教学组织的同时实施教学督导，通过专业人员的现场观察评判和科学指导，推动教学运行的高质量和规范化。高校教学督导职能是高校教学质量管理系统的一个重要组成部分。

美国学者布尔顿在《督导与改进教学》一书中写道：教学督导是一个为提高教学质量而进行的有组织的活动，其任务是“提高教师的教学，选择组织教材，考察教学效果、提高教师水平以及对教师工作进行评价”。他把教学督导定义为“实施专业性、技术性的服务，研究教学组织和教学改进的条件”。

1. 高校教学督导的主要原则

“教学督导”是大学教学质量保证体系的重要组成部分，在教学督导过程中要遵循严格的工作原则、工作分工、工作定位，力求在质量监督、信息反馈和决策咨询中发挥其重要的职能作用。

（1）保持独立客观介入原则。大学教学督导首先要遵循独立客观的介入原则。即在教学督导的取证过程中保持独立工作及中立介入的方式，客观运用一系列调查分析方法，独立取得相关的督导资料，此过程要做到既不受其他因素的影响，也不影响受观察的对象和环境。在此基础上进行分析判断，得出符合客观情况的结论，继而提出督导工作意见，提出加强与改进的措施。

许多不成功的教学督导，往往失误于过早的介入被督导的环境，急于指导教学过程，而影响了原来的教学状态，没有取得真实的教学原态数据，如此而行，只得到事倍功半的效果。独立客观介入原则是教学督导的第一原则，也是重要的实事求是原则。

（2）坚持定量分析判断原则。有效的教学督导应该建立在测量、信息、资料和分析的基础上。即在督导中加强信息的收集与管理，这实际上强调了教学质量管理的定量分析判断原则。此原则要求教学督导行为要尊重客观事实，尽量用数据说话，给人以清晰明确的数量概念，以便更好地分析问题和解决问题。纠正那种凭感觉、靠经验的工作方式。包括注重资料、事实和数据的收集、整理、记录过程，以及对事实、数据和信息的科学分析，做到心中有数。通过搜集大量信息，可及时发现问题，及时调整教学运行中的偏差。因此基于定量分析判断原则的教学督导工作，将有助于实现教学质量的“持续改进”。

（3）教学过程整体优化原则。教学过程是一个连续的施教过程，每个环节都有各自独特的作用，在教学督导工作中，教学过程整体优化原则应贯穿施教的全过程，这一过程包括三个侧面：一个侧面是从教师的施教方面分析教学过程的优化，如专业方向、培养方案和教学计划的制订，教学大纲的编写、教材和教学参考书的选择，教学内容的讲授、教学效果的测评等。另一侧面是学生的预习、听课、复习、考核的学习优化，涉及学生的学习动力、学习目的、学习方法等方面。第三是学习条件状况的优化，如图书借阅系统、信息网络服务系统、实验实习系统、教室环境系统、课外学习和生活系统等。三个侧面都与提高教学质量密切相关。因此教学督导必须对教学过程的整体优化常抓不懈、严格把关，使每个方面对提高质量都能发挥最大的作用。

2. 教学督导的内容与特点

教学质量督导工作应从教学计划、教学实施、教师教学、学生反馈等几个方面同时开展，由此做到对教学质量状况和教学运行情况的把握。

（1）教学计划质量督导。大学教学质量督导一般要从教学计划制订的督查开始，要强调高校人才培养计划的制订须遵循促进学生德智体全面发展的方针，注重学生知识、能力、素质的协调发展，体现知识结构和课程体系的整体优化。设置课程、教学大纲要符合培养目标的要求以及课程结构与教学安排的整体需要。各专业制订的实践教学大纲要充分体现培养大学生创新能力、实践能力和创业精神等要求。

（2）教学实施质量督导。教学实施环节的质量督导，要加强学分制管理，给学生创造宽松的学习环境，提高学生学习的积极性和主动性，满足学生的个性发展需要。围绕教学内容和课程体系改革实施教材建设规划，规范教材选用的基本原则和程序，开展教材质量评估和优秀教材评奖，加强选修课建设，注重体现人文素质教育，强化实践教学环节，切实加强实验室和实践教学基地的建设和规范化管理，提高实践教学质量。

（3）教师教学质量督导。大学教学质量督导要突出对教师教学环节的监控与指导。学校聘请教学及教学管理经验丰富、工作认真负责、精力充沛的专家教授组成教学督导组，独立开展工作，协助学校监督、帮助制定教师教学工作条例，指导和规范教师的教学工作与育人行为。在学校教学督导制度的规定下，检查各教学单位教学计划执行情况，参与学科专业调整、培养计划修订等重要工作。通过不定期深入课堂听课，召开教师及学生代表座谈会，随机性检查教师教案，深入现场检查学生学习与实习状况，对教学及教学管理工作进行检查、指导和监控，客观、及时、有效地协助学校实施教学质量管理。

（4）学生评教质量督导。为进一步加强教与学的双向交流，改进教师的教学工作，在大学教学质量督导过程中注意研究学生参与评教活动的科学性、可行性。充分发挥学生在信息反馈中的作用，因为学生身处教学运行一线，感受并掌握了教学方面最真实的信息，真实信息的及时反馈能够促进教学质量督导准确有效的开展。许多大学在教学质量督导机构中都成立学生评教工作小组，独立负责全校的学生评教工作，在不断的实践中总结学生评教的组织方式、内容方法，研究学生评教的可靠性，使其真正能够发挥出修正教学偏差，鼓励教学创新、奖励教师工作、完善教学环节的重要作用。

由上述分析可以看出，科学有序地组织教育教学，严格独立地实施教学督导，是大学教育教学高质量运行的机制保证，也是大学面对社会激烈竞争而质量长盛不衰的根本原因。深入研究教育教学的运行规律，准确把握教学督导特点，当属目前需要再下工夫的重要工作。

作者：李宝富，北京工业大学图书馆研究员。

教学督导亦应注意在高校教学中发挥引领作用

李静 郝琛

百年大计，教育为本，国运兴衰，系于教育。高等教育承担着培养高级专门人才、发展科学技术文化、促进社会主义现代化建设的重大任务。提高教学水平和保证教学质量是高校工作的中心任务，党的十七大明确提出了切实提高高等学校教学质量的战略思想，教学督导是实施这一战略的至关重要的有效环节，加强教学督导工作是提高教学水平和教学质量的重要手段。教育部在《国家中长期教育改革和发展规划纲要(2010－2020年)》中明确指出："制定教育督导条例，进一步健全教育督导制度。探索建立相对独立的教育督导机构，独立行使督导职能。健全国家督学制度，建设专职督导队伍。坚持督政与督学并重、监督与指导并重"。因此，对高校教学督导工作的研究刻不容缓。

所谓教学督导，从狭义上讲，是指教学督导人员以听课的方式对教师的教学能力进行检查和评价，广义的教学督导是高校内部教学质量监控的重要手段，是对高校教学工作各个环节实施的过程管理。

一、高校教学督导现状及代表性问题

多年来，我国的教学督导工作取得了一定的成效，督导工作一步步引领着我国教育工作尤其是高等教育工作不断前进。

但由于教学系统复杂多变，且涉及方方面面的因素，而要解决这些问题更需多方面的协调运作，从而造成目前督导工作中仍存在一些突出的问题，主要体现在以下三方面。①自身建设。从目前对各高校的调查看，一些高校中的教学督导机构的工作人员数量少，结构也不合理，一个督导组可能只有几个离退休的、具有高级职称的老教师，这种人员配备方式比较单一，在一定程度上制约了督导工作的进行；②督导职能。据相关文献统计，不少高校的督导局限于教学检查，通过听课的形式考核，且听课后的结论基本上主要是从教学形式及内容上来评价；③督导定位。目前存在的重督轻导现象，一方面是把工作的重点放在监督、检查和评估上，另一方面针对教师教学中存在的问题指导与解决又不够及时，这种现象偏离了督导的目的，在一定程度上削弱了督导的质量和效果。

总之，目前高校中的教学督导将更多的精力放在了监控与评估方面，而忽略了更应该受到重视的引领作用。这种教学督导已经滞后于我国高等教育规模的发展变化。

二、高校教学督导工作的职能定位

我国高校督导职能涉及的范围比较宽泛，督导内容不仅包括办学组织与管理，甚至还涉及教职工队伍建设和办学条件。督导职能可以在教学的基础上延伸，但必须保持在一个适当的范围，如果超出了这个界限，就会使督导工作的开展困难重重。

《说文》中记载："督者，察也，一曰目痛也，从目叔声"。"导者，引也，从寸道声"。督导，顾名思义即监督和指导。督导机构的主要职能是督和导，督导工作能否顺利展开，关键在督什么，如何导。教学督导的基本任务就是对教学活动全过程进行检查、监督、评价和指导，以督为基础，以导为目的。通过"督"发现教学工作中存在的问题，确保学校各项教学工作有序进行；通过"导"激发广大师生的工作热情，全面推进学校的教学改革，为学校决策部门提供改进教学及管理的依据与参考意见，保证教学质量的提高。

三、发挥教学督导的引领作用

针对现行的高等教育督导情况，为使教学督导更好地在高校教学中发挥引领作用，教师应以扎实的专业基础及与时俱进的教育思想为宗旨，注重学习者在学习中的主体作用，注重学习情境等因素对学习者的重大影响，有意识地、针对性地、最大限度地发挥其对教学的监控作用以及教学督导的引领作用。

1. 遵循教学原则不断更新教学理念

传统教学强调书本知识的传授与学习，这种教学模式虽有利于学生习得一些科学知识，却不利于培养学生的科学素养。科技发展日新月异，仅仅囿于传统就远远不足，因此，督导工作者应以与时俱进的教育思想促使督导对象以科学观和科学史为出发点实现科学教学。以科学概念为指导，构建科学教学模型，使教师基于科学教学模型进行学习探究与教学，注重教学内容和教学方法的研究，注重科学创造力与科学问题的解决，教工程的教师必须顺应世界回归工程教育的潮流，培养有创新精神的卓越工程师。

2. 构建相对独立的督导队伍，选聘高素质教学督导专家

教学督导首先应以主管教学的校级领导带头的校级督导委员会从大局着手，正确解读国家督导法律法规，宏观把握学校督导方向，并指导和督促院系督导委员会进行具体的教学督导工作。学校根据高等教育的水平分阶段进行督查，例如我校督导组分为“本科教学督导专家组”和“学位与研究生教育督导组”，这样的教学督导体系科学且合理定位，进而更好地引领不同层次的教师在教学中发挥最大的潜能。

此外，教学督导组宜老中青相结合，科研、行政与教学各部门相结合，督导队伍由在职教授、专家和相关部门负责人以及具有丰富教学经验的离退休教师组成。对于新督导组成员也应进行上岗培训，熟悉教育督导的思想方法及工作经验，提高督导质量。

教学督导专家的学识水平、品德修养和行为举止等，将直接影响教学督导工作的效果。因此，加强教学督导队伍建设，建立一支结构合理、素质良好的专业化教学督导队伍尤为重要。

3. 正确处理督和导的关系，由重督轻导转为督导并重

目前高校中存在的重督轻导的现象，削弱了督导的质量和效果。通过“督”发现教学工作中存在的问题、失误和偏差，使学校的各项教学工作规范、有序地进行，并向着共同的目标迈进；通过科学有效地“导”引领并激发师生的工作热情、创新精神，全面推进学校的教学工作和教学改革。督和导是督导工作的两个方面，不能割裂与偏废。

在实施对教师教学的监督与指导时，应以课堂教学为重点，兼顾其他。在坚持以教学常规督导为主的同时，要把常规教学督导与专题督导结合起来，做到全面督导与重点研究的点面结合。

4. 建立高效督导激励机制

建立切实有效的督导激励机制，真正激发督导组成员的工作热情与积极性，并在日常督导过程中完善教学督导与教学评估体系，从而更有效地提高教学督导的效率，从根本上建立有效的教学质量保障，最大限度地发挥督导在教学中的引领作用。

在我校，工会教务处定期组织的青年教师基本功比赛，教务处、人事处组织的青年教师岗前培训以及各种教学评优活动，督导专家组应邀积极参与，通过他们公平、公正的评判使教学优秀者得到表彰，使青年教师认识到教学基本功的重要性，并在分析教材、设计教学内容、课件制作、组织课堂教学等多方面得到提高。从而建立了一种高效的督导激励机制。

5. 开展多项教学活动

督导专家组在执行监督职能的同时，还应该经常组织青年教师进行教师职业培训，培训教师的师德与敬业精神、教学的基本理论以及网络教学技能等。组织观摩优秀教师示范课，总结和推广优秀教师的教学经验；不定期的召开教育教学研讨会，特别是通过跨院、跨专业的座谈会，督导专家与督导对象实现零距离接触，面对面教授青年教师备课、组织教学以及考试改革等多个教学环节的宝贵经验。

不定期组织督导专家组进行校际访问，汲取其他学校督导工作的优点为我所用；组织有志于教育事业的青年才俊进行教学，并尽心点评；学校甚至于可以成立学生学习督导组，与教师督导专家组结合，一起致力于提高我校的教育教学质量，进而充分发挥教学督导在高校教学中的引领作用。

北京工业大学教学督导专家组成立至今已有20余载，多年来代表学校对教育教学开展检查、监督、指导、评估、专题调研和信息反馈等工作，坚持督、导结合，以帮扶青年教师成长为己任，为学校教学质量稳步提高做出了突出贡献。我校本科教学督导老教授专家组荣获“北京教育系统关心下一代工作先进集体”，被评为“全国教育系统关心下一代工作先进集体”，得到了国家和学校的一致肯定。

清华大学前校长梅贻琦先生有段话：“学校犹水也，师生犹鱼也，其行动犹游泳也，大鱼前导，小鱼尾随，是从游也。从游既久，其濡染观摩之教，自不求而至，不为而成。”高校教学督导工作的改革是一个永无止境的新事业，经过多年的发展，教学督导正处于转型的关键时期，转型能否成功，直接影响到高校的教学质量。通过拥有正确的督导理念、健全的督导制度、科学的督导政策以及优秀的督导队伍，在完善的教学督导体系的引领下，高校的教育教学质量也必将随之提升。

主要作者：李静，北京工业大学应用数理学院教授。

开展研究性课堂教学评价之见解

王　辉　刘晓慧　李宗泳

“教育为本、质量为魂，教学质量是学校工作的生命线。”要保障和提高教育教学质量，教学督导工作是行之有效、不可替代的手段之一。在我国，绝大多数的高校已经开展了常态化的教学督导工作。在督导理念、督导制度建设、督导实践（包括督导模式、方式、方法等）等各方面均取得了长足进展。逐步实现“由以督为主转向督、导结合，以导为主；由督教为主转向以督教、督学、督管并重；由督、评脱节转向督、评结合……由被动督导转向“以人为本”督导；由终结性督导评价转向发展性督导评价”的转变，突出了督导工作的引导与指导功能。

由于课堂教学在高校仍然是一种主要教学方式，因此对课堂教学的督导与评估，就成为提高教学质量的关键所在。“以人为本”的督导必须突出“建设性、引导性、帮助性”，这体现在尊重教师的教学权力、尊重教师的工作和创造、把帮助教师完成职业生涯的发展放在首要地位等方面。本文重点讨论怎样帮助和指导教师提高课堂教学质量。我们认为：要有效地帮助和指导教师提高课堂的教学水平和教学效果，督导者必须对课堂教学有深入的研究。

一、开展研究性课堂教学评价的必要性

听课评课是教学质量评估的重要手段，其重要功能之一是诊断与改进功能。外国学者斯塔夫尔比姆曾指出：“评价最重要的意图不是为了证明而是为了诊断和改进。”我国教育部早就制定了“以评促建、以评促改、以评促管”的教育教学评估的方针，也有诊断和改进的内涵。进行教学诊断的评课者，在高校不光要具有专业的专家背景，同时要有较高的教育教学理论修养，要善于运用教育学、心理学、教学法、教育哲学等理论对课堂教学中存在的问题进行深入的分析，完成“诊—断—治”的全过程。为此，就要求评课者对教育教学有关理论作与时俱进的研究。

唐代大诗人杜甫之诗《望岳》有云："会当凌绝顶，一览众山小。"古人还有"高屋建瓴、势如破竹"，"纲举目张"等说法。这些都启示作为引导和指导的评课者，必须具有超乎常者的眼光，看问题能高瞻远瞩，看得远，看得透。评课者如果没有先进的教育教学思想、教学理念，没有掌握先进的适合高校的教学方法，就不可能对授课者以正确、深入、切中要害的指导。为此，开展教学研究，就成为评课者掌握主导权的关键所在。

实践表明，在当今多种类型、各种层次的听课评课活动中，"研"与"评"的关系已经十分清楚地展现在人们眼前。二者的对应关系不外乎有：

1．"不研瞎评"，对授课者产生误导

这里讲的"不研"是指评课者没有进行与时俱进的教学研究，用陈旧的教育思想、教学模式、教学方法去衡量和评估当今的课堂。比如说，具有陈旧的教学理念的教师在课堂上重传授、轻发展，主体意识强烈，即课堂不以学生为主体，没有充分调动学生学习的主动性与积极性，对于学生潜能开发和心智发展的意识薄弱，教师自己"满堂灌"。受这种教学理念的驱使，有不少授课者精心备课、狠练教学基本功，使自己在知识传授方面炉火纯青，教学内容娴熟，能脱稿讲授，教学语言简洁、风趣、逻辑性、系统性、层次性俱佳，唯独心中无学生。讲课以自我为中心，话匣子一打开，大有一泻千里之势，不管学生是否听懂、是否掌握。遇到这种课堂，评课者如果只偏重知识传授，忽视学生的主体性和能力发展，就会给授课者评高分，无异于误导。

2．"少研浅评"，对授课者帮助甚微

评课者若对教学理念、新的教学方法研究甚少，就往往觉察不到授课者在教学中存在的深层次问题。毛泽东指出："只有理解了的东西才能深刻的感觉它。"先进的教学理念与方法是提高教师教学法水平的关键所在。不能在关键点上指明授课者讲授的亮点和出彩处，或者不能诊断所存在的问题、提出改进意见，显然对授课者的帮助不会太大。在高等院校，评课者最好对所评学科有较深的研究，对教学内容的科学性、先进性有所了解，对授课内容的重点、难点有所掌握，才有助于深入学科领域把课评好。否则，就只能在教学基本功方面评价一些浅层次的问题。如教师的着装、教态、普通话水平、说话的快慢、有无习惯语、板书如何等。当然，若教师基本功差，影响到教学质量也必须指出，但评课只停留在基本功上就显得肤浅了一点。

3. “研导结合”、“研深导切”，对授课者帮助很大

为了充分发挥评课的引导和指导作用，评课者切不可重“导”轻“研”，而必须“研导结合”，加强自身的教育教学理论修养。研究越深入，指导就会越确切。这个“切”可理解为：①切中授课者存在问题的要害。比如有的教师只管教、不管学，评课者在肯定该教师教学的优点的同时应一针见血地指出，这位教师在教学理念上存在忽视学生主体性的毛病。②切合教师的教学实际，做到以理服人。比如有的教师为了体现以学生为主体，开展了讨论课，但是缺乏相应的组织工作，采取了放羊似的讨论课。教师在下面一坐，学生在上面发言，任凭其他学生看电脑、吃东西。评课者应给予该教师严肃的批评意见，指出好的设计还要搭配好的组织工作。③贴切。评课者有深入的教学科研作后盾，能从理论的高度帮助教师总结教学经验，指出其符合教学规律之处，有规律地反映教学的本质。比如有的教师不但课讲得出神入化、引人入胜、深入浅出、易懂会干，而且善于启发引导、传授方法、注重实践，课堂上多向交流（师生、生生之间互动）、气氛活跃。评课者将教师的做法概括为“脑中有知识，心中有学生”、“寓方法于知识传授之中符合‘授人以鱼不如授人以渔’”的教学思想。④热切。评课者对授课者做到“雪中送炭而不是锦上添花”，起到评课的激励作用。听课时，找准教师存在的问题或发现教师独特的教学风格，用评语加以鼓励引导。一是指引有发展潜力的教师向优秀教学奖和校、市、国家级名师的目标奋斗；二是有的放矢地向教师推荐好的杂志、书刊和好文章，提高其教学理论水平和吸取他人好的教学方法和经验；三是向教学有问题的教师介绍学校的教学名师、授课优秀的教师，鼓励他们去听课、去学习；四是帮助教师总结教学经验，突出和发展自己的独特教学风格。

二、如何开展研究性课堂教学评价

明确了“研”和“导”的关系，认识了开展研究性课堂教学评价的必要性之后，首要任务就是解决如何开展研究性课堂教学评价问题。

1. 摸清当前教学中需要迫切解决的问题

当前，我国高校仍然未摆脱以知识为中心、以教师为中心、以考试为中心的“三中心”桎梏，教学上与中学区别甚微。我们认为存在的主要问题是：

（1）由于教学目标不明确，教学内容缺乏针对性、适用性、先进性，教学中如何突出重点、突出难点更是一笔糊涂账。

（2）教学理念上重“教”、轻“学”，重“知识传授”、轻“能力培养”，普遍缺乏目标意识、主体意识、创新意识、互动意识、感性意识、训练（实践）意识和特色意识。

（3）教学方法上搞“一言堂”、“满堂灌”，重“讲透”、轻“思放”，重“结论”、轻“过程”，重“记识”、轻“应用”。

（4）师德的缺失。只管吸引学生不管教书育人。课堂上信口开河，甚至不计影响胡说八道，贻害无穷。

（5）教学基本功较差。比如说话有严重口音，语速太快；依赖PPT，不会进行教书设计，板书零乱，字迹不清；教态不自然，面向投影屏讲授等。

2. 为“导”而需研究的重点问题

局限于课堂教学需要研究的课题很多，诸如：教学理念、教学方法与教学模式、教材处理、教学过程设计、现代化教学设备的应用、教学基本功等。其中至少有两个关乎课上教学效率与效果而值得重点研讨的问题：教与学的关系和知识传授与能力培养的关系。它们与教学理念、教学方法与教学模式密不可分。

教育教学思想、教学理念是课堂教学的灵魂。课堂教学的指导思想的核心是教学理念、教学意识。有人把指导思想称为“道”，把“道”所演生的方法称为“术”。“道运术出”，有“道”则“术”可发挥自如，处处合“道”。指导思想明确，方法可多种多样，可谓“道有定道，法无定法”。可见教学理念之重要。

在教与学的关系方面。值得深入研究的是教师的主导性和学生的主体性问题。课堂教学必须突出主体性，这是评价一堂课优劣的关键点。国家名师奖获得者陆国栋教授提出关注对“学”的评价：“如是否有师生、生生互动？能否让学生保持对这门课的学习兴趣？能否激发学生的求知欲？能否提高学生分析问题、解决问题的能力？学生课外投入的学习时间大约多少？等等。”为了体现学生的主体性，“教”必须围绕“学”进行，要看这几个方面：教师尊重学生的程度，学生参与教学的程度（时间、形式、感官参与、全程参与等），师生合作相互激励的程度，学生通过自学掌握五大学习技术（目标导向技术、自主学习技术、团队学习技术、激发与强化学习动力技术、学习评价与反馈调节技术）的程度。教师还须处理好三个关系，即：知识传授与智能培养的关系；智商与情商的关系，解决好动机、兴趣、情感、意志、信心、习惯等在学习中的作用；智力因素与非智力因素的关系，解决因材施教的问题。教师在教学中要使学生的主体性充分体现：要学、乐学、会学、学会。

从被动的知识接受者变为主动发现者、研究者、探索者，在“抓精髓、传方法”上体现教师的主导性，并且要求做到以下几点：①强化主体意识，备课从“教”为中心转变为以“学”为中心，重视“学”的研究；②做好学习目标设计，抓住授课内容的重点、难点，为学生导航；③重视学习环境设计，诱发学生的兴趣和求知欲，让学生参加教学活动，人人动脑、动口、动手，调动学生学习的积极性和主动性；④教学内容充分联系学生实际，有的放矢；⑤要揭示知识形成过程，点拨学生去发现规律，自悟真理，而不是简单把结论告诉学生；⑥寓学习方法于教育方法之中，要把知识作为方法的载体，教授方法。有人说：单纯教授知识的教授“还不如一个‘信息库’”。

在知识传授与能力培养方面，要重视研究性教学方法的应用及对学生创新意识、创新思维、创新方法、创新能力的培养。

研究表明：创新人才的成长与非智力人文因素密切相关。所以在评价教师传授知识优劣的时候要关注教师是否有意识地培养学生的独立性、自信心、好奇心、批判精神、冒险精神等非智力的人文精神；是否注意创新思维能力的培养，突出创新思维的独创性、求异性、发散性（流畅性，变通性）、主动性等特点；是否结合授课内容传授一些简单的创新技法，如：加一加，减一减、变一变、改一改；等等。对学生创新能力的培养关乎国家的科技竞争力。在2009年世界科技竞争力排行榜的专利发明方面，我国位居世界第十二位，但在绝对数量上只有美国的1/5、日本的1/3，这方面的教育任重道远。

认清了质量工作建设的努力方向，督导工作就成了一根指挥棒，而开展研究性听课评课就保证了指挥棒所指示方向的正确性。这样就会有力促进教师的成长和教学质量的稳步提高。

主要作者：王辉，北京工业大学教务处，副研究员。

我的督导生涯

甘永平

一、通过教改立项走上了督导之路

1996 年，国家教委批准启动了理工科的 41 个教学改革立项，热工系列课程改革的研究与实践列在 19 位，以西安交大陶文铨院士为首的共八所院校参加的团队进行了申请获批。我校是唯一参加此项目的地方院校，名列第八。通过 4 年多的研究与实践，通过国内外调研分析，编写了三本面向 21 世纪的教材，其中一本由我主审，还对如何在热工课程中加强学生素质、能力与工程概念的培养，如何改革实验教学及引入现代化的教学手段等进行了实践研究。实验研究项目主要由我和当时环能学院教学院长张建国参加与实施，我们在核心期刊《高等教育工程研究》上发表论文两篇，同时开创了我校热工实验课程计算机辅助教学和增强综合实验比重的研究。通过八所学校分工合作和共同努力，该项目荣获国家教委一等奖。他山之石可以攻玉，我们从中学到很多新的概念和研究方法，当时的教务处长骆雪君邀请我参加学校的教改工作，从此就走上了督导之路，十余年过去了，我把自己的督导生涯当做历史见证记载下来。

二、为人才引进把关和参加学校教学奖的评选

1994 年后，大批老教师退休，我校面临师资短缺的问题，需要大批引进新教师。为了引入优秀人才，分别进行了全面考查和试讲，我参加这项工作。遗憾的是，存在把关不严的情况。当时，环能学院有个姓肖的新教师，我认为他的试讲存在很多问题，如概念不清、简单问题复杂化等，我认为不宜引入。由于学院缺人，还是录用了。实践证明，他的教学效果极差，我和他多次交流，提出改进意见，仍无明显效果，院里只好让他停止教学，去搞实验和科研，效果也不好。请神易，送神难，直到“美景东方”的住房拿到了方才调离工大，给学院带来不小损失。

现在，校、院两级，对引进人才征求督导组的意见越来越重视。在评教学奖的问题上，起初，各学院领导都参加，每个学院的领导都为自己学院申报者打高分、争名次，学校和教务处在接受大家意见后果断决策，各学院领导不再参与评选，保证了评优的公平公正性，督导组在这方面不辞劳苦起到了很好的作用。

三、整顿教学秩序和周毅问题的解决

经管学院有个叫周毅的教师，上课经常迟到，讲课也很随意，很多时候都出轨，校教国处质量办公室主任李振泉叫我去听听他的课。那天，他迟到了35分钟，在讲课中，在无任何数据的情况下公然批评国务院，说："国家拿那么多钱去发展航空，还不如拿到贵州去扶贫。"真不知天高地厚、有些狂妄。我把情况反映到教务处，薛处长非常重视，亲自把我带到经管学院反映情况。由于各方面对他的反应，终于惊动了校领导，蒋校长亲自去听他的课，正好他又迟到了。对这种屡教不改者，学校终于采取了辞退措施。这为我校整改教学秩序起到了很好的作用，告诫我们：任何人违反规章都应受到惩罚。对此，督导组的同志很都很高兴，这说明我们监控上下沟通的目的达到了。

四、第一批名师的产生和工大的发展

记得是曹万林处长主持会议，传达了市教委关于评选北京市教学名师的文件。奇怪的是，上报材料只有五份。经过评审，我们推荐了隋允康和钟儒刚老师，他们二位都通过了北京市评审，成为我校第一批北京市教学名师。总结原因，为什么报名人数这样少呢？一是没有准备，二是认为条件太高没敢报名。自此以后，名师计划就列入教务处和院系的培养目标中，创造条件，有计划地培养、组织名师申报工作。从此，我校产生了国家级名师、市级名师、市级和国家级精品教材，教学成果大丰收，使本科教学又上了一个大台阶。

五、处理好督与导的关系

督很重要，但导是更重要。比如我院的肖劲松老师，我去听过他多次课，也和他多次沟通交流，但他始终没有改进，这中间还有个态度问题。最终，学院只好把她辞退。另一种情况比如陈永昌老师，他刚从日本回来，就让他讲一门工程力学，学生反映差，督导组也认为不成，院部暂停了他讲课。我多次和他讨论，并建议他去完整听一次张建国讲的同样课程。经过这一环节，他的教学水平有了大大提高。还有些青年教师如郭航、曾薇、崔有为，他们讲课真得非常好，作为督导组的我们就积极向学院和教务处推荐，申报优秀教学奖，同时也提一些锦上添花的建议意见，使他们更上一层楼，这些同志已成为工大的主力和骨干。看到他们的成长，我们心里万分高兴，认为工大有了新的希望。

六、关于选修课

选修课应为学生扩大视野，发展他们的兴趣爱好，有利于培养科学精神，也有利于创新和实践能力。但某些时候，只注意到教师申报要开一门选修课，而没注意到学生是否需要。有的学生希望上课轻松、考试简单，怀着凑学分为目的而来，所以迟到者很多，和我们开选修课的目的大相违背。

听课学生的出勤多少，主要决定于课程性质、内容和教学水平。环能学院开出的“生活化学”、现代教育“数字影像处理技术”都是选修课，很少有缺课的，要充分利用学校的强大资源和环境，比如“工程灾害与预防”课，讲到地震灾害时，建议可与我校地震站联系参观，效果就会更好。有的选修课在晚上连续讲四节，教师一味干巴巴地讲，即使学生不多也不便于考查和给成绩，再加上有的学生就是来凑学分的，所以课堂秩序较差，有些像赶集。笔者认为，选修课关系到我校学风，领导和教师都应引起充分重视，认真对待严格管理。关于选修课的调研报告，我已于2009年9月、2010年6月9日和17日三次向教务处提交报告，反映的问题见《2010年本科教学督导专家工作会议资料》，多数问题反映出来了，但如何细微去解决，正是需要继续努力整改的课题。

七、一点感想

我是在1960年来工大的，风风雨雨几十年，现在工大已成为“211工程”学校，看到了这些心中无比高兴。在督导组工作这十多年里，很多老同志为了工大的成长而努力工作，有些同志如刘瑞奇，石国乐等都永远离开了我们，我们十分怀念他们。环能学院督导组，自孙嗣莹、周大森、王树森加盟后，实力大大增强，成为一个团结研讨、相互支持的集体。在这些日子里，同青年教师讨论问题对我们帮助提高也很大，感到自已也年轻了一些；教务处的同志对督导组的成员也倍加关心。总之，在督导组这些日子里，充满着爱工大的感情；热爱这个集体对工大的未来充满着希望而敬献力量，热爱那些值得怀念和追忆的日子。

作者：甘永平，北京工业大学环境与能源工程学院教授，校教学督导专家。

本科教学督导的点滴体会

孙嗣莹

说起已担任十年有余的校督导组的工作，心得体会很多，这里写出点滴与读者交流。

一、最大的感受——欣慰

调入工大16年来，我经历了工大由普通地方大学步入“211工程”重点建设大学的成长；“十二五”期间，更要以建设国际知名、有特色、高水平研究型大学为奋斗目标，实现从教学研究型大学向研究型大学的战略转变。面对工大的突飞猛进，我由衷地感到欣慰，也感慨万千！记得刚来工大开课时的尴尬，没有挂图，没有教具，更没有教学经费，只好用大挂历的背面自制挂图，用硬纸板自制模型，自制投影胶片，应付了第一次开课的窘态。当时最好的电教设备是胶片投影仪，到如今建立了多个国家级及市级示范实验中心，所有的教室都建成设备齐全的多媒体教室，已连续多年获得多个全国多媒体课件竞赛一等奖。记得当初督导听课时，发现坐着讲课的教师大有人在，得七十几分的教师不在少数，甚至有的仅获得六十几分；近几年基本没有教学上被跟踪的教师，绝大多数得分在八十分以上，也得到学生和督导组的好评。青年教师的进步更不可小觑，多名青年教师荣获市高校教学基本功大赛一等奖。当初毕业设计环节也不尽如人意，有些学生到答辩时，论文依然是没装订的散页，现在的毕业设计虽然有就业问题的牵制，但经过层层把关，并年年通过天津大学的抽检评审，设计质量获得好评。回想2003年教学评估时面临文件资料的残缺，多少人加班加点整理补充，再看看现在完整规范的现代化管理的电子文档，进步是不言而喻的。最高兴的是，我们北工大的本科教学督导组在2011年被教育部和北京市教委评为“关系下一代工作先进集体”，同年还被北京市委组织部和老干部局评为“老有所为先锋，创新争优旗帜”先进集体，这就是对我们多年工作的肯定。

二、最大的体会——沟通

要成为一名尽职尽责的督导组的成员，必须要有以人为善、与教师交朋友的心态，以“督是关心、导是帮助”的理念，将督导中发现的优点与不足及时与相关的教师、领导、管理部门和管理人员交流沟通，起到教师与学生之间、教师与管理人员之间、教师与教师之间及教师与领导之间的桥梁作用，为提高教学质量添砖加瓦。与青年教师的交流尤为重要，因为他们是学校的未来，他们的作为更能对学生产生潜移默化的影响，对于他们授课中的特点应及时肯定，对于授课中的不足或尚待改进之处应在当节课下课后及时指出，在课后时间较充裕的条件下可以更深入交流，比如重点和难点如何处理？怎样与学生互动？课堂讨论时，教师如何画龙点睛？推荐好的参考书或教材，探讨如何在教学中体现对学生的研究性、启发性和创新性培养，建议听听某位教学效果好的教师的课，参考某位教师的PPT课件等。要与相关教学团队负责人沟通，尤其应将教学效果较欠缺的教师在教学中存在的问题及时反映给负责人，使其得到团队力量的帮助。应与教务处质量管理科的相关人员不断沟通，及时了解学校的新政策和新规定，及时反映教学中出现的不足。与所联系的学院教务科也要及时交流，诸如听课情况、调研报告、毕设抽查、中期教学检查和听课表反馈等，均应互通信息，彼此做到心中有数。督导中发现的较重要的事情，无论是好事还是不足都应及时向所联系学院的主管领导汇报，好事可以及时得到表扬和推广，不足之处可以得到及时处理。与院领导沟通，可以及时了解学院的教学动态及对督导工作的指导意见和要求等。

三、最大的感慨——理解

随着学校的发展壮大，教职工的工作担子也日益加重，教师的科研工作的压力、教学任务的紧迫，管理人员的工作量的剧增；一些青年教工的家庭负担也不轻松，上有老、下有小。很多教师都会用羡慕的口吻说：“真希望早退休，现在太累了。”面对这些疲于工作的教工，有时在督导中遇到一些使人不快和困惑的事情，从理解的角度想很快就会化解。比如：被听课的教师态度较冷漠。下课后，你站在旁边准备与他交流，而他不理不睬，此时你只有离开，将评语写得详细一些，用建议或商榷这样的词汇指出他的不足；再比如：按质量监控的计划要求各学院期中都要召开教学检查会，有时相关人员由于科研任务繁忙，没有集中的开会时间，怎么办？建议由各教学团队写书面总结，再经督导组成员汇总后反馈给学院，也可以达到教学检查的目的。为了更全面了解学院的教学情况，也会时刻在校园网上关注学院的教学动态，及时下载保存，这些将成为监控汇报的内容。

四、最应做到——求真

“教育为本，质量为魂，教学质量是学校工作的生命线。”要保障和提高教学质量，教学督导工作是行之有效不可替代的手段之一。督导组的每个成员均要担当起这个重任，做到督得严格，导得到位。要做到求真，必须不断学习新的教学理念，更新自己的知识水平，对课堂教学要有深入的研究，与时俱进，做到评中要害，绝不做千篇一律的瞎评，抛弃私心杂念，不给人情分，做一名可信赖的本科教学督导者。

作者：孙嗣莹，北京工业大学环境与能源工程学院教授，校教学督导专家。

教师是大学回归工程教育的根本

孙景琪

郭校长在我校第五次教育教学大讨论全校动员会及启动仪式上的讲话中，明确要求全校要转变工程教育偏移的办学思路，认真反思各专业人才培养目标、过程和质量，重新设计人才培养体系，回归工程教育本身。进一步强化服务国家的战略要求，强化主动服务相关行业、企业的意识，要确立以德为先、能力为重、全面发展的人才培养观，创新高校与行业企业联合培养人才的机制，大力提升学生的工程意识、工程素质和工程实践能力。到2015年，要有至少1/3的本科生达到教育部“卓越工程教育培养计划”的要求，以此为抓手，加强全校所有专业学生实践能力的培养。

问题提得很清楚，目标也很明确，意义非常重大，任务十分艰巨，实现过程会有很多难题需要解决。但这对一个在北工大站了50年讲台、目前仍在为我校本科生上课的老教师而言却异常兴奋，决心为此尽一点微薄之力。我从学校第一届（1960级）学生班起，一直在三尺讲台前为学生授业解惑，曾经历我校五次教育教学大讨论，经受了历次教育革命的洗礼，品尝过多个改革过程的酸甜苦辣，在思想上、业务上得到了很好的锤炼。近20多年来，我又在我校教学质量督导专家组工作，听过近千堂课的教学，与数百位教师进行过教学经验交流；曾多次对我校的课堂教学质量和实践教学状态进行过调查研究，并多次提出过相关报告。数次教学改革及数十年的教学经历使我深深感到这一次高校“回归工程教育”的重要性和必要性，这是一件有关我们国家兴旺发达、民族能否立足于世界之林的头等大事，我们必须认真对待、尽力为之。

工程教育是以工程科学为主要学科基础、以培养工程人才（如工程师）为目标的教育教学活动，它以应用和实践为主，强调实学、集成和创新的原则，主要培养综合性、实践性和创新性人才。如今，美国的“2020工程师”计划已经出炉，欧洲的“欧洲工程教育再造”凝结了31个研究小组涉及110多个工科学校多年研究的心血；可见，当前在世界范围内掀起了一股科学与工程教育创新的浪潮，尤其是掀起了工程教育再造的浪潮。要实现回归工程教育这一伟大目标，首先需要一个社会大环境，要从上至下使整个社会提高认识、端正教育观念；改变教育战略，制定相关政策，尽快形成工程教育体系，尽快改变传统的教育体制和教学模式。当然，这也不是一朝一夕之功，我们所能涉及的是我们该怎么做，以本人愚见，回归工程教育除了要有上述大环境外，最重要的是教育者要有较高的工程素质。就目前情况来看，许多高校在这一方面均存在不少问题，我校也不例外，其主要之点如下：

一、实践教师人手短缺，实践教学指导力量不足

一批在实践教学方面很有经验的教师在 2－3 年内几乎都要退休，而补充的难度还较大。“211 工程”大学基本不留硕士生，博士生不愿去实验室，课程的主讲教师大都与实践教学无关。这一问题已经或将影响到工程教育回归，影响到实践课程质量的保证及多种实践竞赛的指导。解决的办法，一是从企业引进具有工程实践经验和产品开发能力的技术人员充实教学一线；二是分流或招聘一批博士生去建设实验室、设计新实验、指导实践教学、指导各类竞赛。我校绝大多数的老教师都是在建设实验室的工作中成长的，他们的本领、实践能力在一定程度上都是在设计实验项目、研制试验设备中逐步积累和提高的。我本人到工大后，先后筹建了“无线电发送设备”、“电工基础”、“高频电路”三个实验室，这些工作使我受到了很多的实践锻炼，令我终身受益。我认为只要政策导向正确，这一难题会迎刃而解。但事不宜迟，因为培养一个合格的实验指导老师在很多方面要比培养一个授课老师有更大的难度，时间也要更长一点。

二、要转变教师的教育观，回归到工程教育本身

有一句古话：“万般皆下品，唯有读书高。”一些人总认为技能、实践本领、工程能力只是雕虫小技，上不了台面，够不上水平，评不上职称，甚至将许多有水平的横向科研归纳至二、三流地位。于是乎，大家都在为创作 EI，SCI 类论文日夜拼搏，为争夺为数不多的纵向科研项目煞费心机。试想，目前有多少教师能为工程教育尽心尽力？我们教学质量督导组与许多教师切磋技艺、探讨教改问题时，总是希望他们在教学理论、教学方法、教材建设、课程改革，工程教育等方面多下点工夫，做出更多的贡献。但众多老师总有许多担心：要发表的论文怎么办？科研项目怎么办？经费额度怎么完成？职称晋升怎么办等实际问题，对于工程教育，他们更很少考虑甚至不知如何考虑。个别教授甚至认为带工

程硕士生与自己无关，工程教育与自己无关。上述状态在高校中具有普遍性，研究型大学更是如此。其实科研与教学并不矛盾，在郭校长的报告中已明确指出：所谓研究型大学是指以知识的传播、生产和应用为中心，以高水平的科研成果和高层次创新人才培养为目标，在经济建设、社会发展和文化传承与繁荣中发挥重要作用的大学，它的基本特征有四点：一是高质量和高水平人才的培养，应培养大量新知识的创造者，新技术的发明者和新学科的创建者等一系列拔尖人才；二是研究型大学应该是高层次的科技创新，应以高水平科学研究支撑高质量高等教育和高水平的人才培养；三是对社会做高质量的服务，自觉参与推动国家成果的产业化；四是研究型大学应该有高水平的师资，并尽可能提高师资的素质，特别是工程教育素质，推进卓越工程师教育培养计划，以培养具有创新精神和实践能力强的应用型创新人才。

上述论点充分说明，一个研究型大学的教师既要重视科学研究，更要重视教学实践，重视对应用创新型人才的培养，尽力将自己的科研成果转化到教学中去，使我校的工程教育跃上一个新的台阶。我们认为：青年教师不要在为自己晋升职称的问题上花过多时间，应将主要精力转向教育，转向能锻炼自己、切实提高自己的方向上来，纵向科研课题能争取到固然很好，但毕竟僧多粥少，也不是有水平就能争到。所以还是要自力更生，积极争取横向课题或在校院支持下自立课题进行研究。如此更能锻炼自己，提高也会更快，如果能争取下企业挂职锻炼一年，将会是一个更好的机遇。在这样的基础上，再在教学上狠下工夫，我想用不了几年，升入高一级职称又有何难。俗话说："无心插柳柳成荫。"我校不少老教师在这方面都有深刻的体会和教训。我本人一直没有机会拿到纵向经费，但并不气馁，自寻出路，接横向课题，到校经费也有百万之数；同时自立课题，开发有一定水平的电子产品，先后获得三项国家发明专利，有些科研成果填补了国内空白。我退休后，吴强老师接管了研究室，工作搞得更好，承接的项目更多，课题难度更大，经费早已不是问题。科研促进教学，科研培养了许多许多优秀人才：这个研究室十多年来，先后指导了10多名我校本科生特优论文，培养了30余名深受多家著名企业欢迎的硕士研究生，目前他们的平均年薪已达20余万，成为不少猎头公司追求的对象，该研究室虽每周工作6天，寒暑假也压得很短，但仍是广大本科生进行毕业设计首选之地。

三、工程教育的关键在于教师工程素质的提高

长期以来，我国高等学校对人才的培养基本上是传统的单一传授模

式、以课堂教学为主，在这种体制下培养出的学士、硕士、博士大多数都缺乏工程背景，缺少工程实践能力。一些高校电子类专业毕业的硕士博士竟然分不清示读器和信号源（真有此事）、分不清电阻与电容，如今若不对这些年轻教师进行工程再教育，进行实践能力的培养，将会使工程教育陷于空谈，也不利他们的全面发展。那么如何使青年教师提高工程素质，尽快成长呢？以本人愚见，有以下几点：

一是在科学研究中锻炼，应该设法承接一些横向研究课题。这些课题往往是任务重、时间短、要求严，成果在用于生产实践，会给设计者以全面的工程训练。这里也希望学校、学院能为青年教师的横向科研创造条件、开拓领域。二是下实验室。到实验室中设计新实验，改革实验项目，提高实验教学质量，指导各类竞赛，使传统的水平不高的实验课程得到革新、充实与提高。三是到企业定岗工作，承担企业的一定科研任务或产品开发工作，挂职锻炼一年。这一点，郭校长的报告中已明确指出，关键在于执行，在于一些院部、教学团队能否愿意将青年教师放下去。我想只要领导有决心，政策配套、工作落实、切实执行，每年可培养教师 100 名左右，力争到 2015 年实现本科教师中拥有工程背景的比例达到 50% 以上的目标，则我校的工程教育将会呈现另一番景象。

北工大在工程教育方面有着优良的传统，自 1961 – 1962 年第一次教育教学大讨论之后，对第一届（1960 级）和第二届本科毕业生采取“真刀真枪”的毕业设计，学生在教师的带领下，下到相关的工厂、研究院所，参加实际生产活动，承担各式开发课题，接受工程教育的洗礼，使广大教师与学生受到了良好的工程实践训练，为我校以后的工程教育打下了坚实基础。另外，我校创办之初，进校后的绝大部分教师几乎均要承担实验室的创建或建设工作。上述的这些措施与工作，造就了北工大具有工程背景的一代教师，使他们能肩负重担，为社会主义建设培养出许许多多优秀人才，其中杰出的代表有工程院士张在明、桥梁工程大师罗玲，通信领域著名人物吴鹰，国内电子测量仪龙头企业老总王悦、王铁军、李维森，美国通用电气医疗集团中国大区的首席技术官戴鹰等。他们是名副其实的杰出工程师，是北工大人才培养的典范。我们应当总结和彰显我们的办学经验，继承与发扬优良的办学传统，将我校的工程教育推向一个新的历史阶段，更多更好地培养社会需求的杰出人才。

作者：孙景琪，北京工业大学电子信息与控制工程学院教授，校教学督导专家。

教书与育人的做法及体会

王大康

“教育要面向现代化、面向世界、面向未来”是邓小平同志对我国社会主义教育事业提出的总体要求，也是我们开展机械类人才培养模式、教学内容与课程建设的指导方针。机械设计课程在培养人才的综合素质和能力，特别是培养复合型、理论与实际相结合、具有创新思想和创新能力的人才等方面起着十分重要的作用。为了适应21世纪我国社会主义现代化建设和科学技术发展的需要，作为高等学校的教师，必须从单纯传授知识的教育思想和方式，转变为既教书又育人，培养符合党的教育方针要求的社会主义建设者和接班人。

一、做好教书育人工作

（一）教书育人需要有责任心

教师的任务是传授文化、科学和技术知识，培养有理想、有道德、有文化、守纪律的社会主义建设者和接班人。就其意义而言，教师个人对学生心灵的影响所产生的教育力量是很大的。因此，教师的工作和劳动在某种程度上决定着民族的兴衰和国家的未来。教学过程是教师活动和学生活动二者辩证统一的过程。学生是主体、教师是主导，教师对学生始终起着启蒙、培植和熏陶的作用。在教学中，我针对不同专业的学生设计了不同的教学模式。例如，1998级管理专业第一次开设“机械基础”课，招生时，该专业的学生是文理兼收，文科学生从高二以后就没有学过物理课，而数学和物理课正是机械设计课的基础。因此，造成一部分学生“吃不饱”，而另一部分学生跟不上，甚至有的丧失了信心。为此，我与校教务处、院教学主任、班主任、班干部多次研究，商讨解决办法。我一方面采取给文科学生开小灶的办法，以应用为目的深入浅出地补上了相关基础知识，另一方面要求学生坚定信心、加倍努力。在双方的共同努力下，圆满完成了教学任务并受到好评，获得北京工业大学教学质量奖。

（二）教书育人需要有爱心

当代大学生的主流是朝气蓬勃、积极向上的，他们善于思考，具有强烈的自尊心、责任心和追求独立的心理特征，兴趣广泛，求知欲强，渴求扩大知识面。同时，他们对社会问题十分敏感。但是，他们年纪轻、阅历浅，存在着政治上不成熟、情绪不稳定、处理问题不冷静等弱点。这就要求教师在教书育人过程中，对学生始终抱有爱心。对待青年学生出现的问题，应该允许他们在实践中观察、思索、比较、鉴别，并加以正确引导。因此，我在教学中始终满腔热情，对学生以诚相待，不以教育者自居，而主动做学生的知心朋友。不仅关心他们的学习，也关心他们的生活和工作。师生关系融洽，奠定了教师做好教书育人的感情基础，从而避免了学生对教师严格管理、批评教育的逆反心理。教书育人是一项艰巨的灵魂和性格塑造的系统工程，我们要像园丁栽培心爱的花木一样，小心翼翼地培养人，努力做到动之以情，深于父母；晓之以理，细如丝雨。值得指出的是，热爱学生决不能用感情支配，更不能一味要取得学生的支持，对任何事都温和心软，对学生的错误思想和行为放弃严格管理、严格要求，以“分数贬值”等方法无原则迁就学生，使师生关系庸俗化。这样做不仅会损害学生，也不会得到广大学生的尊重。

三、教书育人需要讲究方式方法

1. 教书育人要联系实际

学生在以学为主，他们的主要精力应放在如何学好功课上，因此，大量的思想工作源于学生的学习。每当我接到授课任务后，总要通过各种渠道了解授课班级学生的思想特点、课堂纪律、学生学习情况、先修课程的学习情况，从而分析出教与学中存在的问题，以及学生在学习过程中存在的困难。另外，通过教学的各个环节如实验、作业、答疑等方面，深入了解学生的学习情况，从而有针对性地解决学生学习中的困难，发现问题及时解决，同时做好学生思想工作，使学习循序渐进。实践证明：教书育人要联系学生的思想实际，切勿空谈。

2. 教书育人要求良好的学习秩序

一个班级学习秩序的好坏直接影响到教师的教学质量和效果。在教学过程中，我将学习好、思想好的干部和普遍学生作为班级中的骨干，严格要求他们成为学习和遵守纪律的标兵，以便形成良好的班风。对于学习困难、纪律散漫的学生，要帮助和关心他们，对他们不抱遗弃态度，克服那种从印象出发、以个人好恶对待后进学生的做法，多采用赞扬和鼓励的方式，使他们看到自己的希望。古人说："数子十过，不如奖子一功。"另外，批评要注意场合和方式方法，不要刺伤年轻人的自尊心。在搞好教书育人的工作中，采取"抓两头，带中间"的做法，不仅能使先进学生更先进，还能推动大多数中间状态的学生不断进步，这对形成良好的学习风气，提高教学质量是一种有效的方法。

3. 教书育人要严格管理

教师要对学生严格管理，即做到"严而有格、严而有方"。所谓"严而有格、严而有方"就是要按照一定的标准和规范要求学生，使学生清楚应该怎样做，有章可循。避免管理不严、言而无信的做法，造成学生放任自流。例如，在要求学生做作业的问题上，应明确何时交作业，做错题如何改正，不允许抄作业等。在提出要求的同时还应使学生清楚，如果不按时交作业、不改正作业和抄袭作业时，教师会采取的措施等。教学是一门艺术，课堂是一个舞台，教师是主导，学生是主体，只有双方建立起融洽的关系，相互配合好，才能取得良好的教学效果。

二、提高教师自身素质是教书育人的保证

（一）严于律己、为人师表

孔子说过："其身正，不令而行。其身不正，虽令不从。""不能正其身，如正人何？"教师在教书育人活动中是主导者，教师的学识、治学态度、道德行为、仪表举止，时时地影响着学生的成长。作为一名教师，在仪表举止方面，应力求整洁、端庄；在学识方面，应努力做到不断扩大自身的知识面，并通晓和掌握教学规律、学生心理及掌握精湛的教学技艺，这样才能博得学生的尊敬和信服。另外，在品格上也应发挥表率作用，努力做到诚实正直、表里如一、谦虚谨慎、言行一致。例如，当学生感到学习机械设计课程很难时，我对他们讲：做好任何事都要付出艰苦努力。当年我在电视台录课时，导播要求一节课50分钟，前后不差5秒钟，难度是很大的，我认定"别人能做到的事，我经过努力也一定能做到，而且能做得更好。"为此，我付出了努力，也取得了成功。我对待每节课的每一个环节都很重视，从板书、绘图、多媒体演示、讲解到课堂纪律等，做到"言必行，行必果"，绝不含糊。要求学生做到的，教师首先要做到，才能以理服人、为人师表。

（二）不断提高自身的素质和知识水平

对学生而言，教师应具备广博的专业理论和科学知识，并灵活掌握和运用现代化的先进教学手段和方法，必然会博得他们的钦佩。倘若教师在业务上不认真钻研，教学水平不高，教不得法、语不达意，必然会被学生所厌恶。教师的渊博学识是取得学生信服和做好教书育人的前提条件。同时，教师也应清醒地意识到，在教学过程中，教师的言行举止、精神面貌、治学态度、道德情操、仪表行为、言传身教等，对学生起着示范性、渗透性、权威性和潜移默化的作用。从某种意义上说，教师的言行举止始终是学生在读的一本“无字之书”。我在长期教学中，始终牢记教师的职责，不断钻研新的知识，并将它们融合在教学内容中。我先后学习现代设计理论和方法：如计算机辅助设计、创新设计、系统工程理论、相似性设计理论等，并将其引入教学中，删除了一些陈旧的内容，扩大了学生的视野，提高了学生的学习兴趣和能力，受到学生特别是用人单位的欢迎，我还大胆采用新的教学方法和手段，如多媒体教学、计算机辅助设计综合作业、创新设计实验等，受到学生的欢迎，也受到学校和社会的肯定，“机械设计课程教学”获得了北京工业大学教学质量一等奖，本人也获得“北京市优秀教师”、“北京市经济技术创新标兵”等称号。本人长期从事机械设计教学和科研工作，主持完成了国家、市和校的科学研究和教学研究项目，获得部委、省、市多项科技和教学奖，主编和出版专著、教材十部，发表一批科研论文和教学研究论文。

（三）师资队伍建设是教育的根本

随着教育事业的发展，大量高素质、高水平的青年教师进入我校，充实了教师队伍，带来了青春和活力。如何使他们尽快成长，肩负起教学重任，作为一名老教师负有责无旁贷的传、帮，带作用。为此，我将全部讲稿、多媒体课件等教学文件、资料提供给他们；组织了一个机械设计课程研修班，有四位国内外博士参加，逐章、节进行研究、讨论；组织部分教师参加教材的编写工作。大大提高了青年教师的学术及教学水平，也保证了教学秩序的稳定。

综上所述，教书育人是一项塑造人灵魂的系统工程，具有艰巨性和复杂性，教书不易，育人更难。只有不断努力、锐意进取，在钻研科学理论的同时钻研教育理论，把教书育人工作做得更好，为我国的教育事业做出更大的贡献。

作者：王大康，北京工业大学机械工程与应用电子技术学院教授，校教学督导专家。

提高青年教师教学质量的实践研究

周大森

当今全国高等院校的师资队伍正经历着新、老教师交替的情况，站在大学讲台上的教师很多是青年教师。这些教师大多有高学历、高学术水平，但也大多缺乏作为教师的基本训练及磨炼。如何提高他们的教学质量和教学效果方面，是学校领导和青年教师本身都关心的大事。我校多年来在提高青年教师教学质量做了大量工作，一些院系在这方面取得了丰硕成果。在此基础上，督导组申报并获批了《提高青年教师教学质量实践研究》的校研究项目，经过近两年的调研，就青年教师教学基本理念，教学基本操作与教学质量提高的关系进行了分析和研究，找到提高青年教师教学质量和教学效果新的途径，并归纳总结出符合教育规律，且具有实用性较强的解决办法。希望以此进一步完善提高对青年教师教学质量的管理策略，有益于青年教师的进步成长。

一、课题研究的基本内容和研究的方法

1. 调研

调研了学校及相关四个学院（建工、数理、环能、实验）青年教师培养及提高其教学质量的模式和采取的激励机制。在实验学院与青年教师交流、辅导“上好一堂课的几点思考”。

2. 深入基层

选择在提高教学质量方面有较快进步并取得一定成绩的青年教师，深入了解他们对教学理念的认识、能力的培养、教学操作技能提高等方面的体会、感受。研究在认知、能力和技能方面提高青年教师素质的路径及重要因素。

3. 归纳研究

依据教育发展规律，以科学发展观为指导，在我校培养青年教师、提高其教学质量实践经验的基础上归纳、研究分析提高青年教师教学质量的主要途径及影响因素。

二、提高青年教师教学质量的主要途径及影响因素

1. 明确教师以教学为主，完善政策导向

为加强青年教师的大学观、教育观、职业道德、教学基本功等教育教学能力和综合素质的培养，学校进一步完善了青年教师培养工作的制度化、规范化措施，于2006年至2010年连续举办了四期青年教师教学能力培训班。按照集中与分散、理论与实践相结合的培训原则，形成了特色鲜明的北工大校院两级青年教师培养机制。其主要内容有：学校集中培训与学院分头助课培养相结合；理论学习与试讲实践相结合；青年教师试讲与专家点评相结合；最后，学校组织专家、教务处、人事处使青年教师共同考核验收，并颁发证书作为具有主讲本科生课程资格和专业技术职务评聘的必要条件。实践证明，青年教师培养工作的制度化、规范化，对青年教师的师德与敬业精神，对教育理念的理解和提升，对教育教学方法的思考和选择，以及教学基本功、教学技能等方面有了明显提高，确保了合格教师上讲堂。

2. 树立尊师重教思想，养成教学相长精神

20世纪30年代，清华大学校长梅贻琦先生讲："所谓大学者，非谓有大楼之谓，有大师之谓也。"教师是在长期参与办学、专心治学和关心学生的实践中提炼和总结得出的智慧集成，教师的品德表现在不断吸取渊博知识，并有向学生教授知识为志趣的原动力。一个教师有了和学生平等的相知的沟通和理解，就能在与学生接触的场合影响学生的思想，启迪学生的追求，对学生成才道路上的诸多困惑提供一种及时的分析，为学生的自信提供一种有力的激励。尊师重教是中华民族的美德，也应是青年教师要践行的德行。以我校数理学院为代表，发挥校专家组老教师的作用，在青年教师中实行导师制和青年教师助课制度，把学校的培训和学院的培养相结合所取得的成果正是以尊师重教、教学相长理念为基础的。

3. 发挥教学团队作用，建立帮学机制

创新是可持续发展的源头，在产品的生产上，要由产品一次性创新发展到持续创新，个别产品的创新发展到系列创新。同样，我们的教育也要由专家、名师的创新发展到团队创新。我校环能学院的"水污染控制工程"教学团队，发挥团队力量，形成共同投入、积累和创新的良好环境，实践了教学团队建设推动青年教师的培养。

教学团队中建立帮学机制，老教师身教胜于言教，以身作则，青年教师通过有目标、有计划、有要求地锻炼和培养，在课堂教学上提高了专业学术含金量，扩大了学术信息量，注重传授思维方式和学习与学科

研究创新方法，讲出了知识要点和学术重点，引入工程背景和案例分析。近5年来，出版教材3本、专著5本，教学实验设备获批国家专利11项，获得国家级教学奖励9项、省部级教学奖励13项。同时在科研上还承担了国家级项目9项、省部级项目18项，并获得国家级科技进步奖2项、省部级奖多项。为提高青年教师教学质量，适应国家在新时期对人民教师的要求，为高等院校的师资队伍建设提供了宝贵的经验。

4. 加强工程素质培养，提高创新能力

当代的教育是要以培养创新型拔尖人才为己任，以继承为中心的教育是"述而不作"，已不适应现代教育的发展。提高教育教学质量，对于青年教师来讲，需要有坚实的理论基础也要有丰富的工程实践经验，这样在教学中才能做到对知识举一反三，有新的见解。我校建工学院多年来一直坚持采用"引进、派出和团队帮带三结合"方式，完善青年教师培养的制度和基地建设。从2000年到2009年共投入1300多万元，建成了全天候开放的工程结构实验中心；2009年，土木工程训练中心被评为北京市级和国家级实验教学示范中心。为增强青年教师的工程素质，一个措施是通过依托企业或事业单位联合参加的工程或科研项目，自2004年至今已合作完成56个工程和科研项目，获得约四千万元的经费。这样就大大加强了青年教师参加工程或科研项目进行新产品、新技术推广活动，使学院有80%以上青年教师都有过主持和参加过实际工程项目的经历。在教学质量提高和培养学生创新能力方面起到了至关重要的作用。

三、小结

通过总结我校在提高教学质量实践中的宝贵经验，得出引入前沿教学理念，改革教学内容，推广先进的教学、方法和手段，是青年教师职业生涯成长的重要途径。

青年教师教学质量提高需要养成与激励并重的政策导向，需要"四化"，即培养经常化、管理规范化、激励政策化、帮导人性化。以此完善学校师资的人才培养机制。

我校在校院两级的青年教师提高教学质量方面做了大量实践工作，取得不少优秀成果。希望本课题的调研、分析能够作为交流资料提供教务处作参考，为我校本科教学质量评估中师资队伍建设的评审提供指标支撑材料。

作者：周大森，北京工业大学环境与能源工程学院教授，校教学督导专家。

如何做一名合格的研究型大学的教师

王存新

在北京工业大学组织第五次教育教学大讨论期间，我曾在生命科学与生物工程学院教师会上做过一次主题发言。现将发言的主要内容做适当整理，结合自己在研究型大学做过 20 年教师及在北工大工作 13 年的经历和体会，谈谈如何做一名合格的研究型大学的教师。

一、要热爱教师岗位

我在中国科学技术大学教师的岗位上，由助教、讲师、副教授、教授到博士生导师，前后工作过 20 年。由于工作需要，于 1998 年调到北京工业大学工作，任教 13 年。我体会最深的是：要做好一名大学教师，一定要热爱自己的职业和岗位，要珍惜自己所从事的事业并为之而奋斗。苹果公司创始人乔布斯有一句名言："成就一番伟业的唯一途径就是热爱自己的事业，如果还没有找到让自己热爱的事业，那就继续寻找，不要放弃，跟随自己的心，总有一天会找到的。"我觉得乔布斯的话是非常有道理的。

我找到大学教师的岗位花去了整整 10 年最宝贵的时间，真是比金子还要宝贵。只有懂得珍惜，才能鞭策自己去发奋努力工作，以找回文化大革命耽误的时间。我从 1963 年考入中国科学技术大学开始，就抱定从事科学研究的志向，当时考取的是近代力学系，钱学森先生是系主任。由于十年文革，没能如愿从事祖国的航天事业。但是，改革开放给我们这代人创造了极好的机遇。我在 1978 年又回到中国科大继续学习和工作，后来有幸选择生命科学作为研究方向，受到一些国内外大师级科学家的教诲和帮助，并先后多次出国留学、进行合作研究，在国外先后工作过 5 年多时间；回国后负责完成 20 多项国家科研项目，使我的研究一步步走向生命科学的前沿。在做好科研的同时，每学期都给本科生和研究生上课，努力做到教学与科研紧密结合。2001 年被评为北京市有突出贡献的专家，2006 年被评为北京市优秀教师，2008 年被评为北京市教学名师。回顾30多年来在高校从事教学科研的经历，我深深感到，只有热爱自己的教师岗位，才能做好一名合格的老师。

二、要教好书，必须先当好学生

“台上一分钟，台下十年功。”要教好书，必须先当好学生。特别是给本科生上基础课，只有先当好助教，才能当好主讲教师。我在中国科大当老师时，曾讲过“力学”、“热学”、“电磁学”、“热力学与统计物理”等本科生大课，带过本科生物理实验；来北工大后，给本科生和研究生上过“生物医学工程概论”、“生物工程与技术”、“分子模拟的原理与应用”、“生物信息学”等课程。在科研任务十分繁重的情况下，除去出国工作外，至今每学期都给学生上课。在中国科大当教师时，必须经过辅导、试讲，先当助教，后当教师，经过批准后才能上本科生大课。吴杭生先生给我辅导过“热力学与统计物理”课，受益终生，不仅从大师那里学到了如何讲课，还学习了如何做人。吴杭生院士是著名物理学家，他的治学严谨和为人师表的大师风范深深的教育了我。他上每堂课都一丝不苟，做到概念清晰、思想创新，总是把科研前沿的成果融入课堂。他不仅严格要求自己，而且还谆谆教诲青年教师成长，教我们辅导教师如何答疑和批改作业，如何上好习题课。他还亲自检查我们批改过的学生作业，甚至给我们修改习题课教案，有时还来听我们给学生上习题课，发现哪里讲得不够清楚，马上给予具体指导。我一生有幸得到像吴杭生先生这样的一些国内外著名教授的帮助和指导，从他们身上学到了许多看家的本领和做人的道理，这些宝贵的精神财富对我的教学与人生影响至深，使我终生难忘。

三、什么样的课才算是好课

在北京工业大学第五次教育教学大讨论全校动员大会上，郭广生校长曾对研究型大学的内涵和基本特征做过深入阐述，指出：“研究型大学是以知识的传播、生产和应用为中心，以高水平的科研成果和高层次创新人才培养为目标，在经济建设、社会发展和文化传承与繁荣中发挥重要作用的大学。”这次教育教学大讨论的主题是：在北工大建设研究型大学，提高高素质应用型创新人才培养质量。培养学生的创新精神和创新能力应该贯穿到教学的始终。因此，要为研究型大学的学生上好课，除了具备基本的讲课素质外，最重要的是融会贯通、理论联系实际，培养学生的创新精神和创新能力。要能够把最新的科研信息融入课堂，结合自己的科研实际，举例说明基本概念的重要性，培养学生的创新意识，把学生一步拉入科研前沿。这些内容是鲜活的东西，是书本上很难找到的。这些理念和信息可以引导学生如何去做科研，如何思考并提出科学问题。这对于不同专业的课程都是适用的，对创建研究型大学是十分重要的。

在大学里，如何判定一门课是好课，除了基本的讲课要求外，关键是要看能否把科研前沿的信息融入课堂，在讲基本概念、理论及其应用时，要能够自觉的很自然地与科研前沿的成果相结合。这样讲课不仅有新意，而且有吸引力，学生也爱听。当然，要做到这一点不是一件容易的事，老师必须具有深厚的科研素质和能力。因此，要做好一名合格的研究型大学的教师，必须要有扎实的科研功底和丰富的科研经验，做到教学与科研相结合。我在做教学督导专家时，经常给青年教师提醒，去努力做到这一点。另外，讲课要有激情。要做好一件事，一是要有兴趣，二是要有激情、投入。教学也是一样，要像基本功大赛那样认真投入和充满激情，学生才会喜欢听。

四、要把学术放到优先位置

研究型大学的重要标志是始终把学术放到优先位置。学术氛围对一个人的成长是非常重要的。在中国科大工作时，感到周围的学术气氛很浓，老师和学生能做到自觉地去听学术报告。学术报告会场过道里经常都站满了人。我记得有一次李政道先生来做报告，听众太多，换了三次地方，最后换到校礼堂。我从科大来到北工大后，尽力把学术放到重要位置，坚持邀请国内外专家来校作高水平学术报告，坚持每周搞小组会，与研究生一块讨论科研中的问题，带领学生参加国内外学术会议，并作报告交流。要真正把学术放到优先位置，在教学科研中必须发挥团队的作用，团队里的老教师要培养指导青年教师讲好课，指导青年教师申报并承担北京市与国家科研项目，发挥团队的作用，努力搞好教学与科研。

研究型大学的任务是要培养高质量的有创新思维的优秀人才。什么叫创新？用浅显的话讲，创新是要做别人没做过的事，想别人没想的东西。对于从事教学与科研的人来说，真正的创新叫做原创，那当然是很难的事情，一般是先搞小的改进和创新。如何在教学和科研工作中努力去创新，是一件很不容易的事。钱学森先生生前曾指出：“现在中国没有完全发展起来，一个重要原因是没有一所大学能够按照培养科学技术发明创造人才的模式去办学，没有自己独特的创新的东西，老是冒不出杰出人才。这是很大的问题。”如何真正解读“钱学森之问”，不是一件很容易的事。作为高校的一名教师，应该努力去创新，把自己分内的教学科研做好，努力去想去做那些前人没有想过和做过的事情。

人才培养是高校的根本任务。要用高水平的教学与科研成果去吸引影响学生；要关心爱护学生，与学生交朋友，让学生健康成长。要努力塑造良好的教师形象，吸引好的生源，争取把一般的生源培养成优秀的毕业生。在工大教学 13 年以来，我努力实践与摸索如何培养高素质学生，先后培养研究生 45 人，其中博士 20 人，硕士 25 人。优秀论文有：全国百篇优秀博士学位论文提名奖 1 篇，北京工业大学优秀博士学位论文 7 篇、优秀硕士论文 7 篇，北京工业大学优秀本科生论文 3 篇。

五、培养学生的几点体会

总结 30 多年在大学里培养学生的经历，有以下几点体会：要坚持给本科生和研究生上好课，引导学生查阅最新的学术文献；通过多种渠道凝聚素质好的生源；让学生结合我们承担的科研项目去选题，努力使选题具有创新性；坚持每周开一次小组会，及时掌握研究进展，给学生具体指导；经常组织邀请国内外专家来校做高水平学术报告；带领学生去参加国内外重要学术会议，交流学术成果；及时总结研究成果，尽量在国内外核心学术期刊上发表学术论文。

六、结语

乔布斯于 2005 年在斯坦福大学毕业生典礼上讲话中的一句话意味深长，让我们一起来共勉：“Stay hungry，stay foolish!”这句话直译是：保持饥饿，保持愚蠢。意译是：求知若饥，大智若愚。让我们不断开拓进取、求实创新，为塑造学校良好的学术氛围与知名度，为创建研究型大学不懈努力，贡献出自己的一份力量，努力把自己培养成一名合格的研究型大学的教师。

作者：王存新，北京工业大学生命科学与生物工程学院教授，校教学督导专家。

青年教师在教学过程中要能轻松地驾驭课堂

陈文楷

随着高等学校教育教学改革的日益深入，建设研究型大学已经提到议事日程上来。建设研究型大学有长的路程要走，有很多工作要做，因为研究型大学要把科学研究和研究生培养放在重要任务，要培养创新型人才。但是创新型人才的培养靠基础教育，因此最基本的任务是提高本科教育的水平和质量，而欲提高本科教育的水平和质量关键在于提高教师的水平和质量。

督导工作对提高我校的本科教育教学水平有着重要意义。意义在于帮助青年教师过好教学质量关，努力帮助缺少教学经验的青年教师在课堂讲授过程中从不熟悉到有经验、从不懂学生到了解和懂得学生；使青年教师在教学过程中轻松地驾驭课堂，不断地提高教学质量。只有使青年教师的教学质量提高，才能使我校的教学整体水平提高。只有用爱心和责任心去做督导工作，才能把督导工作做好。督导工作不但要面对青年教师也要面对学生。要用爱心去指导年轻教师，促使青年教师在教学工作中更热爱自己的工作，热爱自己的学生。

一、教师应引起教与学的共鸣

“善歌者使人继其声，善教者使人继其志。”意思是说，优秀的歌手，能使听众跟着他的歌声唱；而优秀的教师能使学生乐于仿效他去学习，继承学者的志向。督导专家的责任和义务是帮助青年教师在教授书本知识的同时掌握讲课的精髓，使他们认识到“授书不在徒多，但贵精熟”。例如，“模拟电子技术基础”课在讲交流阻容耦合放大器时，对放大器进行动态特性分析。按传统教学方法，教师先讲共射极接法的交流阻容耦合放大器的组成，分析静态工作点，用图解法进行动态分析；然后讲述晶体管微变等效电路法，对共射放大器进行交流分析，得到动态性能指标；之后再分别讲授共基极接法静态工作点和动态性能分析，最后进行共集电极接法的静态工作点和动态性能分析。讲起来繁琐，学时拉得很长，约要 8～10 学时，学生还抓不住关键点。

而改变讲授方法则可以使讲课的脉络清楚，让学生明白要做什么，用什么方法做，怎么去做。讲交流阻容耦合放大器先依次阐述：问题的提出，为什么要放大交流信号，放大交流信号的几种电路。其次讲共射极接法放大电路的组成，每个元件的作用，如何用图解法设置静态工作点，用图解法的目的是什么，什么时候用图解法。再对共射极接法阻容耦合放大器进行动态分析，即分析放大器放大交流信号时的各种性能指标，如放大倍数、输入电阻和输出电阻的计算方法。建立交流小信号模型或用微变等效电路法，阐述清楚用晶体管微变等效电路法分析和计算放大器的放大倍数、输入电阻和输出电阻的过程，阐明用图解法和微变等效电路法的作用和目的。进而讨论改进型射极偏置静态工作点稳定的放大器的分析，以及射极偏置放大电路输入、输出电阻的分析及计算方法。指出这种方法具有的普遍意义。最后总结三种（共射极、共基极、共集电极放大电路）不同放大电路的特点，使学生掌握知识要点和分析方法。这样，讲授思路清晰，学时用得少，还引导学生在比较中学习，记忆会非常深刻。因此，讲授书本知识不能一味追求内容多、信息量大，重要的是要能把最精辟的东西教给学生，使之熟练地掌握起来。

二、教学模式是教学目标、教学内容与手段、教学环境等的集合

近十年来，通过“精品课程”、“精品教材”建设和评选“教学名师”等活动的开展，广大教师对教学方式、方法作了深入的探讨，创造、实践、总结了很多好的教学模式和方法。这些教学模式是教学理论的具体化，也是教学实践概括形成的相对稳定的教学系统。但是它是发展的、变化的，不是一成不变的，会随教学内容和教学目标不断变化、发展而发展。因此，督导专家要不断地从教师的教学过程中去提炼、归纳和总结好的成功的教学经验、教学模式，加以推广、扩大交流，指导更多的青年教师去发扬光大。

教学是一个很细致的工作过程，在这个过程中，要不断地体会和理解教学内容的内涵和符合循序渐进教学原则的知识系统，才能把课讲深讲的符合学生的认知规律。例如“微机原理及接口技术”课程，有的专业根据自己的需要把这门课分成两门课：“微处理器的结构与指令系统”及“汇编语言的编程”，同步进行。在讲授过程中严重违背了循序渐进的教学原则，在讲“指令系统”之前，没有把必要的知识交代给学生，没有做铺垫，直接引出指令系统，学生根本理解不了。在讲“汇编语

言”之前，要先交代什么是指令系统，什么是机器码，机器码与指令的关系是什么，没有给出机器码与指令的对应关系表。要用循序渐进的教学模式，在讲授新概念之前做好必要的铺垫，才能收到好的教学效果。

教学模式的应用需要教师与学生之间自觉、主动地配合。因为教学活动涉及教与学两个方面，做为学习活动的主体，只有学生自觉地积极地配合，才能使好的符合教学原则的教学模式最终得以落实，通过师生共同实践加以创新和发展。

三、提高对课程内容的把握和优化

要轻松驾驭课堂，教师必须提高自己对课程内容的把握和优化。例如，在“数字信号处理”课上，老师在讲“信号的采样”一节时，从连续时间信号的采样引出采样周期和采样保持时间的概念，得到时域离散信号，从采样的离散信号经过卷积计算得到其数学模型是顺理成章的事。但由于教师在把握课程内容的轻重难易和讲课进度的快慢上经验不足，讲得有点快，一带而过，未能照顾到学生的理解能力，结果造成学生跟不上教师的思路，教师也很纠结。课间休息时经我指点，第二节课做了补救，效果很好。课堂教学无小事，有些地方要从细节入手，当细则细、当粗则粗，才能做到突出重点。这样能够有效地提高教学质量，青年教师也能够较快地成长。

工程素质是一种由业务能力、文化修养、道德情操及健康个性等要素组成的综合素质。就学生而言需要从学习知识、为人处世的道理及工作能力培养等方面去锻炼。有些对知识和科研能力均已具备了良好基础的青年教师，欠缺的是将自己通过工程训练得到的工程体验运用到课堂教学中，使理论与实践更紧密结合且使课堂更具吸引力。学校应采取有效措施和鼓励政策，吸引更多优秀教师参加更多的工程训练指导实践教学，并在实践教学的改革与创新之中，做到教学相长，实现双赢。

教师对教学尤其是本科教学投入不足，教学方法和教学艺术不佳将会直接影响教学的效果和质量。因此，全面提高本科教学质量，实现优质教学资源共享，是我们长期努力的目标。努力做好督导工作，真心实意地帮助年轻教师提高教育教学水平，使青年教师在教学过程中轻松地驾驭课堂，不断地提高教学质量，对促进我校教学质量不断提高与发展有着重要意义。国力的强大靠科技，科技的进步靠创新，创新的产生靠人才，人才的培养靠教育。科技是第一生产力，人才是第一资源，科技兴国、人才强国，这是我国的发展战略。课堂教学是高校运用最善用的教学模式、教学对课堂的驾驭能力是一种教学基本功，值得青年教师们不断苦练。

作者：陈文楷，北京工业大学电子信息与控制工程学院教授，校教学督导专家。

“以人为本”的课堂教学质量评价浅谈

王　辉　刘晓慧　李宗泳

当今大学，无论中外，课堂教学都是一种最基本、最重要的教学形式，关乎培养人才质量的优劣。听课评课乃当今评价课堂教学质量的重要手段，是教学督导工作的重要内容。

督导，在多数国家是一种行政行为，是上级主管部门对下级单位或个人的工作进行绩效监控、包括观察、检查、调研、监督、引导、开导、指导、倡导、疏导、劝导、辅导等教学管理手段。在实际的督导工作中，是重“督”还是重“导”是指导思想是否“以人为本”的分水岭和试金石。要做到“以人为本”，必须正确处理“督”、“导”的关系。从质量工程建设的角度看，督和导都是为提高教学质量这一目标的手段和措施。对事强调“督”，对人强调“导”，显得人性化。从督导的内涵角度看，“督”是手段，“导”是目的；“督”是主导，“导”是主体；“督”是“导”的前提，“导”是“督”的深化。即通过观察、检查、调研掌握教学现状的第一手资料，发现成功的经验和存在的问题。在此基础上进行分析成绩，解决问题的谋划，开展指导、倡导、辅导等活动，以促进教师的职业发展，有效提升课堂教学质量。

“以人为本”的教学督导理念落实到课堂教学质量评估，必须具备“建设性，引导性，帮助性”，涉及评课者“以人为本”的基本态度。多年实践表明，用“欣赏、发现、帮扶”的态度去听课评课，是对授课者的尊重和关爱，有利于：①缓解授课者的紧张情绪和害怕被听课的心理；②质量评价与教师职业发展的密切结合和有机联系，促进教师的职业发展；③营造和谐的督和被督的关系，建设和谐校园；④增强评课者与授课者的相互信任与交流；⑤加强教师的尊严感。如果再加上学生充分的自豪感、管理者充分的成就感，大学就会更加有生机和活力。对提高教师的教学水平和学校的教学质量大有裨益。

一、用“欣赏”的态度听课评课

用现代流行的说法，欣赏是一种“粉丝”心态，是一种对艺术崇敬与享受的心态。抱着这种心态去听课评课，评课者就完成了一种人性化的角色转变，从居高临下的评判者转变成了对授课教师的仰慕者、欣赏者。前者令人生畏、害怕，而后者则受欢迎。因为无论何人对自己的“粉丝”总是热爱有加的。实践表明，凡是听课前主动向授课教师打招呼，表达虚心学习态度的评课者，对消除授课者的紧张情绪，建立相互信任的融洽关系十分有效。课间，授课者往往会主动向评课者征求意见，表达感激之情，欢迎再来听课。对那种潜入课堂的不速之客，有的教师十分反感，甚至觉得没有得到应有的尊重。这样的评课者自然不受欢迎。

课堂教学是一种语言表达艺术，其多模式的特点比相声和京剧更多彩。相声的“说、学、逗、唱”，京剧的“念、唱、做、打”，几乎形成特定的模式。“教无定法”，不同的教师有不同的风格，体现出其独特的个性。

用欣赏的态度去听课评课，就是要潜心去尝析教师的教学艺术特质、独特的个性和与众不同的教学风格，直到陶醉于莫大的艺术享受之中。“如有人上课宛若一篇散文诗、流畅自如、有韵律美、有抒情性；有人上课就像说故事让生动的情节把学生引入知识殿堂；有人上课恰似一篇哲学论文，条分缕析、逻辑严谨、内容深刻，无懈可击；有人上课‘思’字创先，善于调动学生思维、释疑解惑、组织讨论、培养自学能力……”

教学是启开学生智慧之门的艺术。开启智慧之门，打开一条通向心灵的认知之路，使学生由不知到知，由知之不多到知之甚多，由不会到会，最后通向创造、发明、发现的光辉目的地。教学的艺术往往体现在教师掌握开启智慧之门的钥匙有多少，开门的方式有多少，开门的快慢如何，等等。课堂教学这种通往心灵的艺术，足以叫人赏心悦目。

这里讲述一个小小案例，以供参考。

我国有一位著名数学家讲高等数学的绪论课，寓思维训练于专业课程中，炉火纯青妙不可言。他讲数学的研究对象——数与形。在讲“形”时，认为求图形面积乃最早的课题，他用思维的转换训练，给出矩形面积 $S=a\times b$，提示用转换成矩形的思维求菱形和三角形的面积。不少学生用切割填补的方式很快将菱形和三角形转换成为矩形，如图 1 和图 2 所示。菱形面积 $S=a\times h$，三角形面积 $s=1/2\ (a\times h)$。

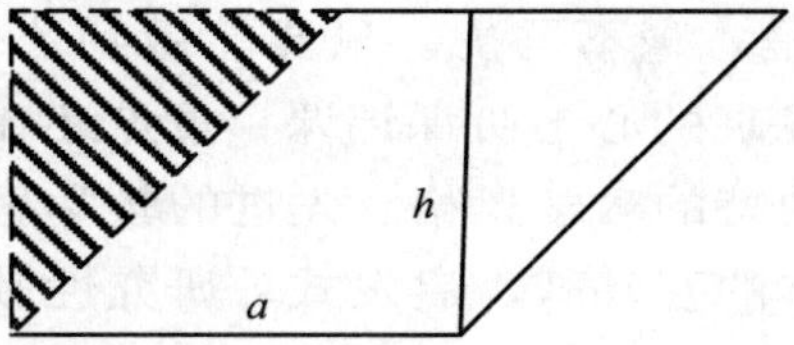

图 1

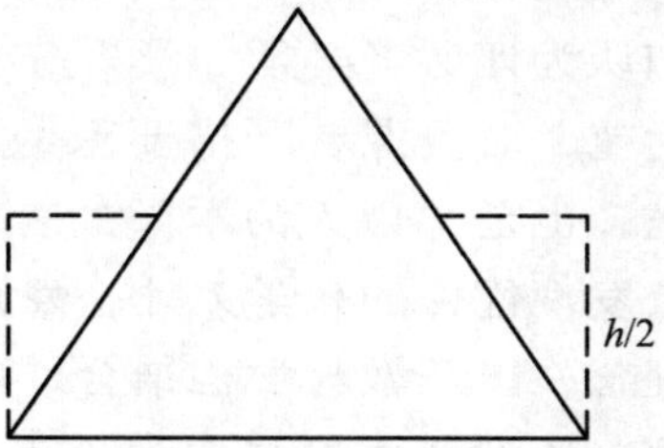

图 2

在此基础上，让学生思考如何利用三角形的面积公式求半径为 R 的圆面积公式。提示同学思考圆如何转换成三角形，先通过圆心将圆切割成许多小扇形，当切割无限的进行下去时，扇形圆心角对应的弦$\triangle S$ 与相应弧$\triangle \widehat{S}$ 相等，小扇形变成了许多小三角形，如图 3 所示，第 i 个小三角形面积 A；$i = 1/2 \triangle SR = 1/2 \triangle \widehat{S}R$。

将所切割成的 i 个小三角形面积叠加起来就是圆的面积：$A = iAi = \pi R^2$。

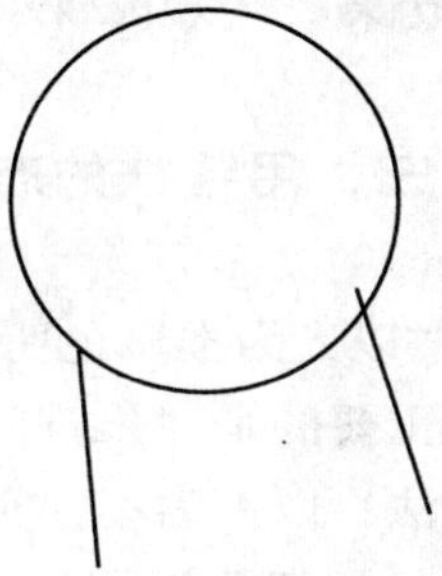

图 3　圆被切割许多小扇形

无限分割的思想是以直线代替曲线，以常量代替变量的微分思想。求和则是高等数学的积分思想。这是一种辩证思维。就这样把学生引入到高等数学的殿堂。在日常的听课评课中，也会尝到不同水平不同层次教师的杰出教学艺术。

二、用“发现”的态度听课评课

“发现”既是“以人为本”的评课者的一种心态，同时也是听课评课的目的之一。在我国政工工作有一条成功的经验叫“抓两头，带中间”。用在听课评课上面就是通过听课去发现两头，一头是课堂教学的优秀者，另一头当然是相对后进者。后进者的教学理念落后，教学方法死板，教学效果较差，甚至师德沦丧、极不负责、不能为人师表。特别值得一提的是，评课者往往误解了“以人为本”的含义，行的是“以人为本”，实际操作中打人情分。无论教学水平如何，一律给优（90 分以上）。“常以‘宽容’淡化‘严格’，以‘表扬’取代‘批评’，大事化小，小事化了；其结果是‘尊重’异变为‘放任自流’；‘理解’沦化为‘姑息迁就’；‘关怀’转变成‘哥们义气’。”这样做既对授课者不负责任，更损害了广大学生的根本利益，与“以人为本”的精神背道而驰。我们认为评课者必须“严”字当头，以科学为准绳，以教法为纲，以师德为魂，对授课者严格要求、实事求是、毫不马虎。只要能做到公平、公正，也是“以人为本”的表现。以发现的心态听课评课，重点还在为学校发现优秀的教学人才，发现他们独特的教学风格、先进的教学思想和理念，以及教与学相结合、融为一体的互动式、启发式、研究性教学方法；达到“主导与主体活动和谐统一，教法与学法和谐统一，知识传授与智能开发和谐统一，德育与智育和谐统一”的教学效果。使学生由被动的学习者变成主动学习的发现者、研究者、探索者。为学校举办“示范课”、“观摩课”推荐候选人。

三、用帮扶的态度听课评课

“以人为本”的听课评课绝不仅仅是对教师进行绩效管理的一个手段，而更重要的是“发现问题，提升教师教学水平；总结经验，推广优秀的教学方法；以人为本，实现教师职业发展，提升高等学校质量……”为了促进教师的职业发展，采用帮扶的态度听课评课是非常重要的。如何帮扶呢？这里介绍一些成功经验，以资借鉴。

帮扶应以激励为主。成功的“评课”一定会激发起教师更新教学理念、钻研教材、研究教法、提高教学质量的积极性。

可采用课间交谈、课后交流、听课评价表反馈等方式把意见及时反馈给教师。帮助教师彰显教学个性、发扬优势、总结经验；或者发现问题，提出改进意见，切切实施提高教学质量。

“一分为二”的评课，是帮扶的重要原则。“对讲课优秀的教师，除了指出其闪光点、出彩之处外，也要指出其不足和需要继续提高的方向，比如开展创新型教学，研究性教学等。对讲课差的老师，首先应肯定其在教学中的付出与努力，然后要以十分诚恳的态度，提高其存在的问题。”

结合学校的激励机制积极开展帮扶工作。①对“忠诚党的教育事业”、乐教、善教者实施目标激励，通过评课鼓励其向获取优秀教学质量奖、优秀青年主讲教师称号、校、市、国家名师奖的方向不断努力。②对乐教而不善教者，实施榜样激励，向其介绍校内名师的教学方法，先进的教学理念，鼓励其去听校内优秀教师的课，或者听同一类课，吸取别人好的经验，对改进教学起立竿见影的效果。③对所有被听课的教师，实施信息激励，提供教改信息，此所谓“它山之石，可以攻玉”。

④帮助学校完善激励机制。比如：实施免听课制。对教学优秀的教师满足一定条件者可免听课，这是一种荣誉。对乐教而不善教者，实行校内外、国内外进修制等。

我们深信，只要抱定欣赏、发现、帮扶的态度去听课评课，一定能使所有的教师在和谐的气氛中完成教师的职业成长。学校的教学质量必定会进一步提高。

主要作者：王辉，北京工业大学教务处副研究员。

本科阶段《创新学分》制度的建立与执行
——以北京工业大学为例

督导专家《创新学分》实施方案的调研课题组

建设创新型社会、创新型国家是国家富强、民族复兴的根本大计。把“中国制造”转变成“中国创造”是中国经济在世界上由大变强的主要标志。要实现这一宏伟蓝图，关键在高校能否培养出各种类型、各种层次的创新型人才。为此，北工大创立了“创新学分”制度，规定从2007级学生开始，每人必须修满2个（文科）或4个（理工科）学分，毕业时才能获得学士学位证书。“创新学分”制度在学校营造了创新氛围，强化了创新意识和理念，激发了学生创新的热情和创新实践欲望，培养了创新实践能力和本领，正在把学校变成创新的沃土。

一、《创新学分》制度的内涵

作为北工大本科阶段的“创新学分”制度主要涵盖以下内容：

（一）制定目标

实事求是地规定本科阶段“创新学分”制度所要达到的目标。即回答培养何种类型，何种层次的创新型人才。

理论创新，按层次可分为学科系统理论创新，如麦克斯韦的“电磁场理论”、洛伦兹的“电子论”、维纳的“信息论”等。发现新的规律、总结新的实验定律、提出新的原理、推出新的算法、编写新的程序等，叫局部理论创新。

实践创新，按层次可分为实用型创新和技能型创新。前者是在已有理论指导下的自主创新包括发明创造、原始创新。比如：有人用水的不可压缩性、可向各种方向不变的传递压力的巴斯葛原理发明了油压装置；应用同样的原理，有人发明了水压机，有人发明了爆破成型加工方法等。技能型创新即改进操作方法、加工方法的工艺性创新。

我们认为，作为地方重点院校建立“创新学分”制度的目标，定为培养学生创新意识，具有一定的创新思维，掌握一定创新方法的实用型创新型人才比较合适。

（二）组织机构

要贯彻执行“创新学分”制度必须有相应组织保证。一般采用校—院—系—教研室的塔形结构，即成立各级“创新学分”实施领导小组。校级由校教务处、学生处、校团委牵头，院级由各学院教务科、学生科牵头组成。主要任务：计划、组织实施、评审、监控、学生成绩评定、统计学分等。北京工业大学采用的是校、院两级管理的组织机构。

（三）实施细则（条例）

这是制度的核心，必须包括：

1. 规定执行的内容

如“创新学分”与学位证或毕业证挂钩。规定学生必须修满多少学分才能取得毕业证或学位证。北京工业大学采用了这种强制性措施。

2. “创新学分”的获取

首先，应规定“创新学分”获取的方式、途径。比如将“创新学分”获取途径分为第一课堂和第二课堂。第一课堂“创新学分”的获取方式分为创新课和创新实践课。第二课堂的“创新学分”的获取方式包括：听各种讲座、社会调查、社会实践、各类各层次竞赛（理工类科技竞赛，文科类的设计、演讲、创意等竞赛）；参加科学研究等。

其次，要详细的规定不同获取方式获取的学分值。比如：第一课堂、第二课堂、科技论文按发表刊物的层次、申批专利按不同类型层次计学分，科技竞赛按国家级奖、省部级奖和校级奖主要成员计学分，团体参赛的学生按贡献大小和获奖排名均可获相应学分。

最后，要规定“创新学分”获取的审核程序。比如明确“创新学分”的认定人，对于听各类讲座、谁来考核登录、谁来认定成绩、最后谁来进行认定统计等均要负责。第一课堂要有任课教师签名的成绩登记表；参加科技竞赛要有指导教师提供的选手名单，要凭获奖证书进行成绩认定等。

（四）配套政策与若干规定

任何制度的创立都离不开配套政策与法规。“创新学分”制度至少应包括四个方面的规章、条例。

创新课与创新实践课实施方案，包括课程的申报与审批；任课教师资格审查；课程目的与大纲（面向的专业和年级范围，开课形式，学时，学分，课程内容，考核方式等）；开课的准备与要求。

学生创新实践计划：①科研计划，比如北京工业大学的“星火计划”。包括项目来源与分类；立项办法；结题评审；奖励等。②科技竞赛，包括项目（国际、国内项目登记，校内项目申报及审批、项目类别等）；参赛办法；准备；时间、地点；评审、奖励等。③参加导师或教师科研，审批；成果认定等。

经费及创新平台建设，分创新实践课经费支持，科研计划经费支持，科技竞赛经费支持，小发明、小制作经费支持等。创新平台建设可分校内、校外分别制定实施方案。

“创新学分”的奖励方法：学生参加科学研究、科技竞赛都可以获取相应的物质和精神奖励。除此之外还可以给予学业方面的奖励。北京工业大学制定有《北京工业大学本科生创新学分实施细则》、《北京工业大学本科课程创新学分实施办法》、《北京工业大学认定本科生科技竞赛项目名单》等规章。有了相应的规章条例，就能保障制度的正常运转，从而达到其所追求的目的。

“创新学分”制度的建立必须抓以上三个方面的建设：制度建设——相应文件支撑；课程建设——设课标准、开课条件、师资水平；环境建设——校内外的创新实践平台。当然也少不了相应经费的支持。

二、“创新学分”制度执行案例

北京工业大学从起建立并推行了“创新学分”制度以来，执行情况如何？据统计2007级毕业生共计3043人，100%取得了规定的创新学分。比如机电学院毕业147人，取得4个创新学分的69人，占47%；取是6个学分的35人，占27%；取得8个学分的7人，占5%，取得的最高学分为14学分，100%取得了创新学分。

根据我们对机电、环能、建工、建规、材料、数理、艺术及实验等八个学院的调查，以及对“创新学分”制的运行管理、学分统计等各个方面的信息和相关数据资料进行的初步分析，得出了运行情况良好，取得初步成效的结论。

1. 领导重视管理规范

为了落实北京工业大学培养“应用型创新人才”的本科培养目标，学校在2007—2008学年开展了第四次教育教学大讨论，推出了“创新学分”制。在此基础上修订了2007级的教学计划，明文规定：只有修满了创新学分的学生才能毕业，同时制订了一系列有关创新学分的规章、条例。2008 年暑期召开了全校教务工作会议对规章、条例进行了研讨、修改，之后便正式公布执行。为了加强创新教育的理论研究与校际交流。2008 年 10 月，北京工业大学承办了“2008 年中国高校创造教育论坛”。全国 21 个省市近 70 所高校 200 余名专家和教师参加了论坛，会后出版了文集。

学校对“创新学分”的认定实行三级管理——校教务处、学院教务科、认定小组。认定程序规范，认定过程有序而严谨。

2. 创新学分获取方式层次化，创新学分实践平台多样化

据不完全统计，2011 届（2007 级）的毕业生没有因“创新学分”未修满而影响毕业的。就其原因，得力于创新学分获取方式的层次化和创新实践平台的多样化。这是符合因材施教的教育教学原则的一个措施。

学校创新学分获取层次由低到高，由易到难大约分为三个层次。

（1）开设创新通识平台课程，组织学生进行社会实践、现场参观或听各种讲座。以培养学生创新意识，创新兴趣、创新要求、创新思维、创新方法为目的。学生获取方式是听课或参观加考核。这是学生获取创新学分的最低层次。

学校搭建了“工程大师论坛”系列讲座平台，“工程大师论坛”每学年开上百场次，有上万人次听讲，每人听满 12 学时即记 1 个创新学分。

创新选修课，一般为 32 学时。修完通过考试、考核，记 2 个创新学分。在诸多创新课程中，最具代表性的是机电学院的高国华老师开的“TRIZ 理论”课，TRIZ 理论提供了目前公认的一种很好的创新设计方法，具有先进性，启发性和实用性，加之教师的教学水平高，课堂组织能力强，有先进的教学理念和教学方法，收到较好的教学效果，学生反映很好、收获较大。如 070104 班的夏梦滢同学说：“通过听课认识到创新理念是民族之魂，民族的发展在于创新。没有创新就没有发展，没有发展就没有未来，我们是新世纪的社会生产力，我们必须加强创新意识。”李瑞瑞同学说：“TRIZ 理论为我们提供了一种全新的分析问题的方法，使我们在处理问题时增添了一种新的工具，让我们在思考处于瓶颈阶段时可以尽快地寻求到突破口，延展思维的广度，开拓思维的深度。”孟冬同学说：“TRIZ 理论同样可适用于生活中，发现生活的本质，探索未知的旅程，不错过任何可能性的自我突破。打破常规思维定势和惯性，给自己以信心，从自身开始做一些力所能及的改变，一定能够逐渐地塑造出一个富有竞争力的自我。”不用再多赘述，课程所要达到的目的已一目了然。

（2）开设创新实践课、创新型课设。以激发学生的求知欲、好奇心、学习兴趣，培养创新精神和创新实践能力为目的。推崇研究性学习，强调师生互动。充分体现“学生为主体，教师为主导”的先进教学理念。

材料学院共申报了23门创新实践课，经学院审定批准17门。允许2007级、2008级选修，2007级选课学生达84人。根据课程要求教师着重介绍基本知识、技术、工艺、实验设备等。学生独立制定创新方案和试验计划（包括绘图、工艺设计、购物、制作等安排），完成制作过程并进行测试，写出总结报告。这类课程以实物制作，实验成果为评审根据。一般以教室和实验室为条件。其中“香味可控的金属花卉制作”最受学生欢迎。学校大多数创新实践课是这种模式。

建工学院推出10门创新实践课，其中一门是创新型的课程设计——“建筑设备的自动化课程设计”。要求学生在控制逻辑及系统搭建方面有所创新。另外“交通影响评价理论与实践”，用校内外结合的方式，理论课校内上，其余2/3时间在校外有关公司实习。在学院创新实践课中最具特点是：学习和应用工程软件。如“有限元软件P2000应用”、“建筑结构PKPM软件”等课程。以应用软件为创新平台，有10多个学生参加了2009年第八届、2010年第九届北京高校建筑结构设计比赛，获一、二、三等奖多项。有6名外国留学生对PKPM软件的学习表现出极大兴趣。

创新型课设最具代表性的是机电学院的余跃庆教授开设的“机械原理课设”，用开放性和包容性两大特点使课设取得极大成功。他把课设与北京市和全国的机械创新大赛紧密结合。仅2010年由此课脱颖而出的一批设计，经改进一举夺得首都高校第五届机械创新设计大赛2个一等奖，3个二等奖，3个三等奖。

数理学院的创新实践课，如“建模与R软件”、“统计计算”、“工程应用与科学计算专题选讲”等均紧密结合校内外的数学建模大赛，并取得优良的成绩。

艺术设计学院与社会设计公司合作，以开办青年设计师设计实战训练营的方式开出创新实战课。授课教师主要由公司技术人员出任。最成功的是其与疯果公司合作的实战训练营，学生的原创设计直接在公司门市部出售，长期供不应求。得到学生普遍欢迎，认为增长了创新能力和创业本领。

（3）开展各类科技竞赛、科研活动。这是通过实战演练综合提高学生创新思维，创新能力，掌握创新方法的最高层次的获取“创新学分”

的方式。具体有：

参加科研和科技开发。其中包括由校团委组织实施的“星火计划”，每年可资助400个课题左右。分为重点课题和一般课题，比例为1∶4，投入资金每年40万，课题以小制作小发明为主。每年参加的学生上千名。学生自由组合、自主选题申报，专家审批，立项后自主研发，最后结题验收，按规定获取创新学分。另外还有国家创新基金，每年40项。另一种形式是在本科生中推广导师制：学生可参加导师的科研组，亦可参加别的教师的科研组，承担一定的任务。通过科研，不少学生和教师共同公开发表论文，以此取得创新学分。机电学院实行“创新学分”制近两年，学生公开发表科技论文14篇，其中4篇被SCI检索和EI检索收录。有两名学生申报了两项专利。在2010年，材料学院就有6名学生和教师一起公开发表了科技论文4篇，1名学生申报了1项发明专利。其他学院也有学生参加教师的科研并与教师一起发表科技论文而取得创新学分的。随着导师制的推广，学生参加科研活动已经形成历史传统，比如从2003—2007年的五年间，材料学院师生合作公开发表的学术论文就有66篇。其中，学生作为第一作者发表14篇、被SCI检索收录29篇；被EI检索收录30篇。“创新学分”制的实施必将大大促进全校学生参加科学研究的活动。

参加科技竞赛。学校为推进学生自主创新活动的开展，为本科生设置了电子设计、数学建模、机械设计、软件设计、结构设计、广告设计等84项科技竞赛项目。许多项目还分为校级、省部级、国家级乃至国际级竞赛。学校为此在相应学院建设了实战平台，为参赛学生提供培训、设计、制作等良好的条件。其中，电控学院的电子竞赛平台、计算机学院的软件竞赛平台、机电学院的机械设计竞赛平台、数理学院的数学建模培训平台等为“创新学分”制的实施发挥很大的作用，工作出色、成绩突出。学生受益面很广，例如2010年有7000人次学生参加各类竞赛。学校实施“创新学分”制以来，2008—2011年间本科生参加科技竞赛获省部级以上的奖项共计482项。其中，国际奖6项，国家奖一等奖25项、二等奖81项、三等奖109项，省部级奖一等奖52项、二等奖77项、三等奖132项。随着“创新学分”制的实施，获奖数量也在逐年提高，2008年获奖120项，2009年获奖132项，2010年增至230项。可见“创新学分”制实施以来，本科生创新能力与实战能力得到显著提高。

三、问题与建议

“创新学分”制在国内尚属新生事物。主要目的是在学校营造创新氛围，培养本科生的创新意识，“破除迷信，解放思想”，培养敢想、敢干、善于创新的社会主义建设人才。任何新生事物都不可能一开始就很完善，以北京工业大学为例，在实施过程中不可避免出现这样或那样的问题，比如：①创新课的开设良莠不齐，审核制度尚不十分健全。有一个创新课堂测试药物对机体抗氧化功能的实验，观测几只食用不同剂量药物的小白鼠游泳，测出被淹死的时间，用时达数小时，其作用如何，是否值得研究？②创新课特别是创新实践课，需要一定经费支持，开始时计划不周，有的靠教师的科研经费支持，由此带来不少困难。③学生获取创新学分的层次不同，所受的创新精神、创新方法、创新能力的培养也各异。参加科研活动和科技竞赛获取创新学分越多，学生的实践能力和创新能力越强。有的学院，多数学生靠低层次的创新课、听报告、参加社会活动取得创新学分，需要改进。④创新实践平台的建设仍需加强，创新实践指导教师的力量也需要扩充，教师特别是青年教师自身的创新能力，工程实践能力也急需加强。为此提出以下建议：

创新学分是建设创新型大学，创新型国家的重要举措，值得坚持和完善。学校应该组织专门的研讨，总结经验教训，使之走向成熟。

将学生的科技竞赛培训纳入创新实践课或创新课设中，增大学生的创新实践受益面和科技竞赛的参与率。提高参加科技活动（科研、科技竞赛）获取创新学分的比例，加大培养创新型人才的力度。

为了使创新学分制更具生命力，必须不断修改和充实有关文件，如课程开设的时间、空间要更具弹性，不要限制太死，必要时可在假期开课，有利于学生参加国际联合教学及与设计院联合教学等。

创新学分的建立与推行是一个系统工程，它和学校的学术氛围、卓越工程师计划、自学型课程计划及教学方法的改革等密切相关。只有当所有的改革措施形成一个整体时，创新学分制才有生命力和蓬勃的生气，为建设创新型大学充当开路先锋。

健全优选课制度让校选课助力建设研究型大学

——北工大校选课专题调研报告

督导专家《校选课》调研课题组

北京工业大学校选课的历史可以追述至20世纪80年代，当时的工大还是一个以工科为主的地方重点大学。为贯彻教育要“面向现代化、面向世界、面向未来”的指示精神，北京工业大学的相关部门于1985年暑期在山东蓬莱召开了工作会议，决定试行学年学分制和标准化学期制，教学计划应体现“通才”教育与“专才”教育的结合，适应性与针对性的结合，理、工、管的结合。为了提高工科学生的人文素养，学校决定开设一批人文性质的校选课，供1985级学生任选。经严格筛选开出了“古代汉语”、“形式逻辑”、“现代西方哲学评介”、“大学语文”、“唐诗宋词”、“汽车美术造型”等十来门课。谈不上规模，但走出了淡化专业、拓宽基础的第一步。到了20世纪90年代，随着北京联合大学经济管理学院并入工大，学校向多学科方向发展，同时变学年学分制为三阶式学分制，校选课的规模进一步扩大，一批经管类课堂加入其中，如“现代企业管理”等。1996年通过“211工程”预审后，北工大进入了跨越式发展阶段，为了培养高素质的应用型创新人才，学校重新规划了课程体系，建立了基础课（包括应用型和专业型）、专业课、通识课三大平台。校选课成为通识课平台的主要支柱。但在2005年以前，校选课只有五六十门，面对上万人的本科生，数量严重不足，出现了选课荒。为此，学校出台了经济上奖励、课时计入工作量等一系列优惠政策，鼓励有条件的教师开设校选课，按科技、经管、文学艺术、人文社科与法学、外语分为五大类，归相关学院审批，实行校院两级管理。一年后，校选课从几十门激增至200多门，涵盖了五大类课程体系，基本满足了本科生选课要求。几年来，校选课对提高文科学生的科技素质，提高工科学生的人文素养，拓宽学生的知识面，开阔学生的眼界，扩大学生就业、创业的门路，发挥了很大作用，校教务处为此做出的巨大努力，应该说收到了显著效果。

二十多年来，北工大的校选课由无到有、由少到多，基本上满足了学生选课要求，为逐步达到人才培养目标提高人才培养质量做出了应有贡献。学校“十二五”发展规划提出了把工大建设成“国际知名、有特色、高水平的研究型大学”的奋斗目标。并于2011年9月开展了全校第五次教育教学大讨论，以此为契机，教务处组织部分教学督导专家成立了校选课堂调研组，从2011年10月开始对本学期校选课进行了跟踪听课调研。通过校外专访以及与上课教师和学生的交谈，并参照历年校选课的专家听课评价，进行了综合的分析，报告如下：

一、现状

2011—2012学年第一学期，开出校选课143门，共计218个课堂。从学时、学分看，最多的为64学时、4学分；最少的为第二课堂的“就业指导”课16学时、1学分。从校选课门类看，科技类49门，经管类17门，文学艺术类36门，社科与法学类33门，外语类5门，就业、形势类（第二课堂）3门。从学院分布看（课堂数）：人文学院52门，电控学院17门，外语学院22门，经管学院15门，计算机学院12门，建工学院4门，数理学院9门，机电学院10门，环能学院6门，材料学院3门，建规学院4门，软件学院2门，生命学院1门。其他机构，招就处18门，学生处17门，团委5门，校医院1门，国际交流中心4门，校办1门，循环经济研究院3门，人事处1门，图书馆2门。

这学期，调研组的七位教授对48位教师开出的44门校选课进行了随机的听课、评课，共计75人次。评课的指标体系由五个大项（教学常规、教学内容、教学态度、教学方法、教学效果）、十二个分项组成。调研组按照宏观评等级、微观评分数的办法给出课堂教学评价。等级分优、良、中、差，要求优秀课堂教师能脱稿讲授、与学生互动好，实行启发式、参与式、研究性教学，课堂气氛活跃，学生出勤率、认真听课率高。按统一标准，75人次听课的评价结果如表1所示：

表1　75人次听课的评价结果

等级	优（34人次）	良（37人次）	中（4人次）
百分比1%	45	49	6

对44门课堂的教学评价结果如表2所示：

表2　对44门课的教学评价

等级	优（18人次）	良（23人次）	中（3人次）
百分比1%	40.9	52.3	6.8

44门校选课包括：科技类9门，分别由电控学院（3门），数理学院（2门）、材料学院（2门）、建工学院（1门）、环能学院（1门）开出；文理交叉类2门；经管类5门，分别由经管学院（1门）、人事处（1门）、招就处（2门）、循环经济院（1门）开出；人文管理交叉类2门，由数理学院和建规学院开出；人文社科法学类共计26门，分别由人文学院（14门）、外语学院（5门）、生命学院（1门）、电控学院（1门）、建工学院（1门）、机电学院（1门）、校团委（1门）、体育部（1门）、校医院（1门）开出。

按有详细记录的44个课堂统计，学生的出勤率情况如下：

出勤率≥100%的有7个课堂（占15.9%），最高的出勤率达130%，这些课堂深受学生欢迎，部分同学在没有选上课的情况下自愿来听课；90%≤出勤率<100%的有10个课堂，占22.8%；80%≤出勤率<100%的有7个课堂，占15.9%；70%≤出勤率<100%的有6个课堂，占13.6%；60%≤出勤率<100%的有6个课堂，占13.6%；出勤率≤50%的有8个课堂，占18.2%，最低的出勤率只有24%。

为了对校选课的现状有一个全面的把握，课题组查阅了历史资料，经整理摘录于下：

2010年3—12月，校督导的专家听校选课的评价表90份，涉及69门课，任课教师79位。其中，评分≥90分的有30份，89—80分的有52份，79—70分的有6份，评分≤69分的2份。优秀率约为1/3（33.3%）。

2009年8—12月，评价表45份，评分≥90分的18份，89—80分的26份，评分<79分的1份，优秀率为40%。

2006年校选课数量扩大以前，从历年校选课专家评价表中随机抽取157份样本，其中评分≥90分的只有24份，占15.3%；89—80分的有102份，占65%；79—70分的有27份，占17.1%；评分<69分的4份，占2.6%；最低分26分（这位教师已被学校除名）。

根据统计数据和其他调查资料的分析得出：

随着学校人才培养目标和规格的逐渐明确、深化，校选课纳入学校三大课程体系之一，受到越来越大的重视，教学质量总体在不断地提高。2006年以前，优秀课堂仅占15.3%，到了2010年，优秀课堂的数目提高到30%—40%。而这学期的优秀课堂占到45%，达优的有18门课，占40%，经调研组分析认为，当前校选课的总体水平为优、良、中三分天下，约各占1/3。

当前校选课从内容和讲授上可分为四类：第一类，内容好、受欢迎，讲授好、学生满意；第二类，内容好、讲授差；第三类，内容差、讲授好；第四类，内容和讲授均差。第一类课学生出勤率高，认真听课率高，学生收获大。例如：这学期专家调研的“招聘与应聘”课，应到22人，实到23人，出勤率104.5%，多出的一人没有选上这门课，但自愿来听；“犯罪学概论”应到40人，实到39人，出勤率97.5%；“现代成功学”课应到30人，实到39人出勤率130%；“战略人力资源管理”课，应到32人，实到29人，出勤率90.6%；“电磁兼容原理与抗扰技术”课应到15人实到19人，出勤率126%；“硬笔书法”课应到30人实到30人，出勤率100%；“艺术市场与绘画课堂”课应到30人，实到29人，出勤率96.7%；“物理学史”课应到90人，实到81人，出勤率90%等。这些课堂，专家评分均在90分以上，可纳入一类课范畴。第二类、第三类课堂，学生出勤率较高，认真听课率也较高。第四类课学生出勤率和认真听课率均差，不受欢迎。本学期，从学生出勤率统计看，第四类课堂的学生出勤率不足50%，约占课堂总数的20%。例如：“光纤通信原理与技术”课应到70人，实到31人，出勤率44%；“志愿服务与社会实践”课应到22人，实到11人，出勤率50%等。

经调研发现，教学优秀的教师共同的特点是：对所授课程有较深入的研究及丰富的阅历和经历，备课非常认真。有的教师就是所授课程方面的专家。如教“篆刻”、“硬笔书法”的魏晓寰老师，在日本有自己的书法工作室，在国外举办过多次展览，具有一定的国际影响。魏老师对学生严格要求，学生学习努力认真，效果优良。校督导专家评价为：“教师书法、篆刻功底深厚，有丰富的阅历、经历和实践经验。对篆刻的历史渊源了如指掌，讲出了历史的深沉。用自问自答和提问征答方式与学生互动，课堂气氛活跃，学生用心操作，纪律良好。对刻制白文印、朱文印的要领讲解非常精湛，技巧传授恰到好处，学生由不会到会……教学效果优秀。”专家对经管学院的何见得老师“招聘与应聘”课的评价认为：“这是一堂优秀的校选课。教师以其丰富的阅历与经历把课程内容阐述得十分精彩。教师面对学生侃侃而谈，诙谐、潇洒、语言风趣。用问答式讲授，与学生互动较好，课堂比较活跃。”人文学院的张荆老师的“犯罪学概论”课，专家的评价是：“教师有社会调查研究的丰富经历、且有丰富的阅历，讲授引经据典、旁征博引、材料十分丰富。讲授内容娴熟，脱稿讲授，留20分钟与学生交流互动，是参与式教学的一种方式，有利于培养学生思维能力及观察问题和提出问题的创新能力。”教“艺术市场与绘画鉴赏”的魏运成老师，本身就是一个艺术家，著有《油画语言的中国精神》等专著，专家评价是：“对艺术理论的讲解思路清晰，语言表达熟练流畅；理论联系实际、对某些问题的阐释有独到之处，对学生有一定的吸引力……”数理学院的黄永畅老师，研究理论物理，对中国古代哲学也颇有研究。结合周易、老庄哲学讲“现代成功学”。专家评价道：“深奥的易经哲理经教师阐释，变得通俗易懂，难怪深受学生欢迎，出勤率达130%。（部分不生没有选上课，但是自愿来上课）教师有丰富的阅历和经历，脑中有学问。思维如天马行空，发挥自如，所言均在‘成功学’范畴，此所谓‘随心所欲不逾矩’。联系现代科技，人生规划、企业管理、学生就业面试、成功家庭、企业领导标准等。易经哲理有什么用？如何用？已一目了然。”电控学院的高风老师，在生产和研究单位工作多年，具有丰富的实践经验，所讲“电磁兼容原理及抗干扰技术”深受学生欢迎，出勤率达126%。（部分不生没有选上课，但是自愿来上课）专家评语云：“教师具有极丰富的阅历和科研经历，是这堂课讲课很好的充要条件。整堂课从容不迫‘侃’经验，点点滴滴传真知。问答式教学法的运用炉火纯青。不断提出问题，分析问题、解决问题极富启发性，能调动学生积极思维。设问中求解的非唯一、开创创新性教学之先河，尤为可取！大学课堂肩负创新知识之重任，如此教学堪当其任矣！”

在这次调研中，被评优的课堂和教师还有：孙玉荣老师的“婚姻与家庭法”、朱涛老师的“生活中的社会学”、刘幸菡老师的“战略人力资源管理”、李家军老师的“VC + + 、NET 程序设计基础”、王岩老师的“广告赏析”、王代殊老师的“物理学史”、赵素华老师的“英语公共演讲与辩论”、于晓红老师的“形体普拉提”、王春丽老师的“俄语二外”、刘佳老师的“环境与健康”、穆献中老师的“能源战略与科技发展”等。此外，还有一些课堂，由多位教师任课，水平各异，课堂未达优，但任课教师中其课堂评优者有：李振兴、廖满媛老师的“就业指导课”、任永芳老师的“创业教育”课等。

18 门课评优课堂的学院分布如下：人文学院 6 个课堂，数理学院 2 个课堂，电控学院 2 个课堂，外语学院 2 个课堂，经管学院 1 个课堂，环能学院 1 个课堂，建规学院 1 个课堂，体育部 1 个课堂，人事处 1 个课堂，循环经济院 1 个课堂。

估计在 200 多门校选课中，优秀的课堂总数约有 70 多门，占 1/3。

在校选课的教学中，出现了一些亮点，值得提倡和推广。

先进的教学理念。如“教师为主导，学生为主体”的主体理念。有的教师采用“校选课搭台，教师导演，学生唱戏”的参与式教学法。运用较好的有：

朱涛老师的“生活中的社会学”课堂上，杨旺同学“奋斗成就梦想”的演讲非常精彩。他把“人生价值”作为自己的梦想。说梦要分阶段追寻，人生价值要在奋斗中体现，要别人因你的存在而生活得更好，人死了仍活在人们的心里！上大学，一定要明确自己要什么？该做什么？目标是灯塔，给自己指明了方向，重要的是不断地划桨。他介绍了自己上大学后奋斗的得失，成功的喜悦和失败的教训，受到同学的热烈欢迎。有个女学生谈感想说：“听了演讲，觉得自己这几年的大学白上啦！”表示要向杨旺学习，从头再来。老师总结也十分精彩。他说：“社会学的核心问题之一是个人与社会的关系，是为自己 VS 为他人。”关于成功失败，他说：“神八与天宫对接试验有人总结说，成功差一点点失败，失败差一点点成功。成功一定要注重细节。要求同学们像杨旺同学一样，用平和的心态对待‘如意’，用勇敢的心态对待‘不如意’，之后继续努力奋斗！”

数理学院的丁晓红老师的《物理专题讨论》，分两阶段教学，第一阶段为理论教学，以讲授为主；第二阶段由学生作专题报告，比如“太阳能电池的工作原理及应用”、“伽马刀在医学上的应用”等。教师帮助学生选题，准备。对提高学生的自学能力，制作 PPT、文字编排、语言表达、团队协作等能力均大有裨益。

其他，如任永芳老师的“创业教育”课，材料学院的杨晓军老师的“高分子材料学导论”课等，均采用了上述参与式教学法。

不少课堂采用多媒体教学手段，应用较好。PPT 制作精良，色彩、对比度均好，为配合授课内容选择的视频资料丰富、切题，使教学更加形象，生动，提高了学生的学习兴趣和注意力。比如人文学院的王鹏廷老师的“大学语文”，因为自己有口音，便借助视频资料由播音员甚至朗诵艺术家代读课文。效果十分显著。建工学院的孙立山老师的“世界交通概览”，采用视频资料把全世界各城市的交通状况在学生面前展现无余。

有的课堂从改革考试方法入手，提高学生的到课率和认真听课率。比如，学生处开设的第二课堂必修课“世界政治与经济形势”，24 学时分 8 次上完，每次 3 学时，把考试分散到 8 次课进行，8 次考试的平均分作为结课成绩。此举既避免了一次考试定成绩的缺点，又减轻了学生的学业负担。这门课排在晚上 9—11 节，时间是晚 18：00—20：40，而出勤率出乎意料的高，2010—2011 学年第一学期统计了 11 个课堂，应到学生为 769 人，实到 745 人，出勤率 97%，有 5 个课堂全勤，占 45%，在校选课中无疑是佼佼者。

有的老师在教学中应用和创造了自己的教学模式。比如郑哲老师在讲一堂课的核心概念“公平”、“规则”等时，运用了“3W1H”模式，即是什么（What）、为什么（Why）、有什么用（What use）、怎样用（How to）收到较好效果。佟魏老师借用管理学的教学方法，创造了讲政治形势的“5W”模式，即什么事件（What）、发生在何处（Where）、发生在何时（When）、为什么会发生（Why）、事件代表人物是谁（Who），这就把一个政治事件讲的比较完整而清楚。

出现了科技、人文、经管相互交叉的课堂。教师由一个团队构成。比如由人文学院张恒力老师负责的“工程伦理案例与理论”课，由 5 位老师主讲，张老师作组织工作，每堂课都亲临课堂听课、进行协调。专家听了其中的沈自力老师讲的“环境伦理的道德原则和规范”，学生的出勤率较高，应到 22 人，实到 21 人。教师备课充分，教态自然大方，授课内容娴熟，讲述观点鲜明，资料丰富，紧扣主题，案例很多，有一定的启发性。这样的课是很好的苗头。

二、问题

事物总是“一分为二”的，我校选课历经 20 多年的发展，取得了很大的成绩，但同时也存在很多不容忽视，影响可持续发展的问题。

1. 教学内容、教学理念、教学方法、考核方式等急需更新、改革、提高

（1）教学内容方面。不少校选课的教学内容没有从人才培养目标、人才培养的特色、学生的需要出发、“通识平台”课程性质来选取。有的内容科普性较强，讲学生已经具备的常识；有的课脱离学生实际，把专业课改头换面成校选课，大多数学生听不懂。受学生欢迎的培养动手能力的技能、制作、仪器操作维修、应用软件等内容的课程太少，真正提高大学生的文化素质的校选课太少，涉及各类学科前沿知识内容的课也少得可怜。

（2）教学理念方面。不少教师还奉行“三中心”，即教师为中心、讲授为中心、知识为中心的陈旧理念。课堂上仍一讲到底，搞“灌输式”、“填鸭式”教学，只讲知识不讲方法，与学生之间没有交流互动。课堂上死气沉沉，学生完全处于被动状态。

（3）教学方法方面。不少教师讲课不知道如何突出重点，如何突破难点，整堂课平均使用力气，平平淡淡。更有一些青年教师，把课堂教学等同于作学术报告，整堂课无章、无节、无大小标题，把所讲内容用“.”“★”等符号平行排列。教学缺乏系统性、层次性、条理性、逻辑性，使学生听完课，搞不清知识系统、相互关系，结果是一头雾水。

2. 学风有待改进、提高

据调查，不少学生是为了“凑学分”才上校选课，没有把提高自己的科技或人文素质作为学习目标。他们抱定的态度是“必修课选逃，校选课必逃”。2011—2012 学年第一学期，据 44 个课堂的统计，出勤率在 50% 左右的有 8 个，占 18.2%，最低的仅 24%。更糟的是学生在课堂的表现，趴桌的、玩电脑游戏的、玩手机的大有人在、甚至在课上相拥、打扑克，好一点的做作业、看别的书籍，总之，认真听课率很低。这样的课形同虚设。

三、建议

为了落实《北京工业大学“十二五”发展建设规划》，建成“国际知名、有特色、高水平研究型大学”，培养综合型、创新型的实用人才，为工大学生打开一扇新知识和职业再选择的窗户。有必要加强“通识平台”课程体系建设，为此提出以下建议，供参考。

学校成立“通识平台”课程系列的教改领导小组，负责：①修订《通识平台》教学章程。②对通识平台课进行科学分类，实行归口管理。比如，经管类课程的审批、监控、归经管学院；人文社科类课程归人文学院等。③对已开课程由相关学院，按章程进行审核，列出“优课名录”、“整改名录”、“停课名录”，报学校汇总。④建立课程档案，包括课程名称、教学目的、教学内容、教学大纲、教材、教案。⑤对开非本专业课的教师或新开本专业课的教师组织试讲，试讲通过后方可走上讲台。⑥制订校选课的建设规划，纳入质量工程建设范畴。

为了引起学院对校选课的重视，应把学院开设校选课的质量纳入学院学年考核内容。

加强对学生进行校选课开课目的宣传教育工作，引起学生对自己职业生涯发展的关注，重视校选课的学习。

几点具体意见：①限制选课学生人数，根据课程性质、教师水平经审核确定选课人数，一般 20 - 100 人为宜，大于 100 人的应分班开课；人数太少浪费教学资源，应叫停。②杜绝 3 节或 4 节课连排，最好只连排2节课。③11节与12节应少排课或不排课。④为了鼓励教师开出新颖性，创新性、前沿性的课程，可实行柔性学时（学分）制：可开出4学时、8学时、16学时等讲座性质的课。用学时叠加累计学分。⑤鼓励多开技能培训课，培训学生一技之长。⑥改革考试考核方法。鼓励采用小论文、小制作、小发明、写调查报告、学习心得等多种方式进行考核。

校选课已经取得一定成绩，只要坚持改革、加强管理、优化课堂、规范要求、严格监控，校选课一定能在达到我校人才培养目标的过程中发挥巨大作用，为建设研究型大学助力！

下　篇

论教导学

什么样的课是一堂好课

梁在中

2006—2007 学年初，北京工业大学开展了第四次教育教学大讨论，这次大讨论的目的包括："第一，研讨在建设创新型国家和适应北京经济建设和社会发展需要的背景下，北京工业大学应当培养什么样的人，怎样培养人的问题。在此基础上，针对我校创新型人才的培养目标、培养特色、培养措施等，更新教育思想，深化教学改革，修订本科生和研究生的培养方案。第二，增强质量意识，抓好教师队伍建设。首先要加强师德建设，同时改进教学方法，增长教学本领，提高教师队伍的整体素质。"这次大讨论的主题是："提高教育教学质量，培养创新型人才。"这次大讨论主要研讨的专题共有 12 个，其中第五个专题是："什么样的课是一堂好课"通过这次大讨论的学习、探究，并结合笔者几十年的教学实践、经历，仅就"什么样的课是一堂好课?"这个专题谈一些个人的认识、体会和感受。

目前，教师传授知识的主要方式是讲授、答疑、辅导、批改作业等，而面对全体学生来说，又尤以讲授为主，所以不断提高每一堂课的讲授质量对提高整个教学质量有很大的影响，能讲一门课并不十分困难，只要有一定的业务基础，有一定的表述能力，有适当的准备就能上台讲授。但要讲好一门课、讲好一堂课，使学生听起来感到既有丰富的"味道"，即语言生动、比喻形象，有系统的理性知识、直观的感性认识；不是枯燥乏味、引人犯困，而是有声有色、引人入胜。要做到这一点，就必须狠下工夫、花大力气，这就要求讲课前要做好充分准备。

一、心中有数，胸有成竹

北工大的老校长樊恭烋同志在 20 个世纪 60 年代给教师作报告的时候，经常强调："教师要给学生一碗水，自己就得有一桶水。"意思是说，教师要有雄厚的业务基础，渊博的业务知识，扎实的业务功底。要讲好一堂课，首先要吃透教材内容，这是最起码的要求；若有可能和必要，再收集一些其他相关的材料，博采众长、精心挑选、科学组织，合理安排教学内容；同时还要考虑这堂课要那些主要内容，中心问题是什么，围绕说明中心问题需要选择什么样的典型例题。其次，内容如何处理，哪些重点内容需要分析透彻，详细讲解，哪些问题可以留给学生自己思考、探讨。在丰富的材料、反复思考的基础上，写出精炼的教案和较为详细的讲稿，做到心中有数，胸有成竹，为第二个环节做好充分的准备。

二、富有激情、善于启发

课堂是教师艺术地进行教学、充分展示自己教学才艺、教学智慧的舞台。在这个舞台上，教师应该力求做到寓教于理、寓教于情、寓教于乐，让学生在轻松的欣赏和享受中吸取广泛的精神营养。教师在讲解概念、理论或方法时，一定要做到表述严谨、阐述准确、思路清晰、逻辑性强、富有激情、善于启发，切忌平铺直属，照本宣科。书本上的概念、定义、定理等内容切忌硬搬在黑板上或通过 PPT 课件打在白色屏幕上，然后照本宣讲；而是要通过我们形象的比喻、生动的语言、系统的分析和准确的表述把书本上的“死”的内容讲“活”了，也就是说讲课要有启发、有分析、有思路、有方法、有过程。讲概念时，最好要交代清楚为什么要引入这个概念，产生这个概念的背景是什么，概念本身的实质是什么，这个概念和其他相关概念又有什么区别和联系，等等。

例如导数概念与求导数的方法，是一元函数微分学的基本概念和基本方法。利用函数的导数研究函数的性态是导数的应用之一。利用函数的一阶导数的符号可以判断函数的单调性，可以求函数单调变化的区间；函数单调区间的分界点称为函数的极值点，函数的极值在研究函数的性态和工程应用上有着重要的意义，因为世界上一切科学的东西都满足极值原理；函数数极值的概念是一个局部的概念，就是说，如果一个函数在某一点的函数值比考察区间内函数值都大（或小），则它在该点取得（局部）极大值（或极小值）。同一个函数，在某点的极大值可能比他在另一点的极小值还要小。为了加深学生对函数极值概念局部性的理解，笔者举了一个形象的例子：同样在“人”这个群里，在全班 105 个同学中，假定最高的同学的身高是 1.82 米；而在中国女排的 12 名队员中，假定最矮的队员身高是 1.85 米；也就是说，在全班同学中这个“极大值”比国家女排队员中身高最矮的这个“极小值”还要小。这正好说明这一班能同学中身高最高的同学，只是在我们班这个局部范围内最高。

函数极值概念的局部性也就是这个道理，只是在局部范围内比较函数值的大小，函数的局部极值与函数在某闭区间的最大值、最小值是两个完全不同的概念。在课堂上讲授定理时，首先要分析清楚定理的条件和结论，再分析如何根据定理的条件和已有的相关知识，通过严谨的逻辑演绎，无可非议的论证出定理的结论。

三、察言观色、交流沟通

课堂是师生交流、沟通、对话和探究学问的场所，教师在讲授过程中，一定要善于察言观色，洞察学生的表情、反应。当老师讲某个概念、理论或例题时，有的学生可能会意地点头，表现出能够理解和已经明白的样子；有的学生可能发愣，表现出一副似懂非懂的模样；有的学生可能发呆，脑子里一片模糊，一点都没听懂；个别学生可能因听不懂，就干脆趴在桌上睡觉。总之，各种表情、各种反应、各种形象都可能出现。教师在课堂上应该具有灵机应变、思维敏捷、把握全局、驾驶课堂的能力。如果某个问题大多数学生似乎都没听懂，可以重复再讲一遍；如果有学生听课不专心，趴在桌上睡觉，可以善意地提醒或提一个与讲授内容相关且已经讲授过的问题，亲切地而不是命令式地让这个学生来回答，回答不上来也没有关系，可以让他清醒一下、不再犯困，绝对不要伤害到他的自尊心。亲切而不失尊严，宽容而不纵容，这样也可以活跃一下课堂气氛。总之，在课堂上要通过教师富有激情的讲授、富有魅力的“表演”，把学生的注意力吸引到教师身上，吸引到授课的内容上，注意启发学生的思考，调动学生的激情，点燃学生头脑中的火种撞击出求知欲的火花，努力使课堂成为师生交流、沟通、互动、共同参与和探究学问的舞台。

四、合理使用电子课件

先进的、现代化的教学手段与传统的板书教法进行科学的、合理的、恰当地结合，也是上好一堂课、提高教学质量的重要方面。我们应当正确认识多媒体与传统的板书各自的优势，应当根据不同的课程特点，甚至同一门课程也要根据章节内容的不同，恰当的、合理的使用多媒体课件。比如数学课，如果不分章节内容的特点，一味全用多媒体课件，教师就坐在讲台的电脑前按鼠标，然后照屏幕上的内容讲解，一点板书也没有，这样就不可能注意到学生的表情反应，就不可能与学生有眼神的交流、沟通，就有可能使一些学生趴在桌上睡觉。这种只顾埋头按鼠标，不顾学生的感受，只顾照屏幕宣讲，一点板书也没有的讲法，和那种埋头照本宣科的讲法有什么两样！对这种做法，学生有着强烈的不良反应。在《面对传统板书，多媒体是否应该唱主角?》的报道中，学生的观点是："在教师手写板书的模式下，学生的思路是跟着教师书写的条理顺序走的，前因后果、逻辑关系无比清晰；而现在的 PPT 却猛然给出一张张充满了文字和符号的屏幕，令人目眩。大部分同学都承认，对相同内容、相同数量的知识，看幻灯片所需要的理解时间是看同步板书的两倍以上。怨声最大的莫过于使用理科课程 PPT 的同学。理工科目课程，一般都有教学指导强调解题步骤，老师事先把 PPT 做好，很多步骤都被省去，其跳跃性令部分同学完全不能连贯思考。"不管怎样，假如所有知识都让我们自己对着 PPT 研究的话，那又何苦请老师按时按点来将 PPT 演示一遍?" 对学生这种感受、呼声、怨声，应该引起我们足够的重视。在课堂上，我们是面对学生的，一定要以学生为本，一定要根据学生的实际情况不断改进教学方法。

我是讲数学课的，对数学课的观点是：讲数学课，可以没有 PPT，但不能没有板书。数学是一门优美的、思维的、抽象的、符号的、演绎的、论证的艺术。我们的课堂就应该绘声绘色的、严谨的、准确的、生动形象地表述，把数学的这种艺术魅力充分展现在学生面前。要做到这一点，只顾死板的按鼠标，照 PPT 宣讲是绝对办不到的。我在讲数学课时，根据章节的内容特点，有时也用一些电子课件。特别是一些图形，用电脑打出来比较形象直观，立体感比较强，有时还有一些动画的感觉，学生容易理解和接受。一些数学定义的表述，笔者也用 PPT，再结合适当的板书，用一些简单的数学符号来充分阐述这个定义的实质、背景、与其他相关概念的联系与区别等等，这样就可以把"死"的定义给讲"活"了。一些定理的论证笔者先把定理的内容用 PPT 打出来，让学生跟着教师的分析、证明的思路走，最后再打一遍，使学生就有一种豁然开朗、一目了然的感觉。

五、讲课是一种快乐，一种享受

2005 年 9 月初，笔者任教于实验学院 2005 级电信专业和土木工程专业三个班合班的"高等数学"课，还没上几次课就迎来了教师节。在教师节前夕，2005 级电信一班的学生送给笔者一个精美的陶瓷茶杯，作为教师节的珍贵礼物。这个杯子的侧面画了两个彩色的老翁，各持一根教鞭，一个老翁的教鞭指向“有教无类”的字样，另一个老翁的教鞭指向桃李芬芳的树枝，在这两个老翁的中央部位写下了这么几句话：“一支粉笔，两袖清风，三尺讲台，四季晴雨，加上五脏六腑，七嘴八舌，九思和十分用心，滴滴汗水，诚滋桃李满天下。”这是学生对教师这个职业的准确而形象的描述，对教师辛勤耕耘的充分肯定。的确，教师是一份高尚而光荣的职业，是令人羡慕的职业。讲课是一种快乐、一种享受，同时又是一门充满挑战性的艺术。三尺讲台，是充分展示教师艺术才干的舞台。无论时代怎样变，无论外面的世界多精彩，作为教师的理想、信念、追求不能变。为人类传承知识文明的神圣职责不能变，教书育人、塑造人的灵魂的光荣使命不能变，如果说教师是塑造人类灵魂的工程师，那么教师本身首先应该是一个有理想、有信念、有追求、有灵魂的人，没有灵魂的人是不配称为教师的。

作者：梁在中，北京工业大学应用数理学院教授，校教学督导专家。

引导触摸教育理念，学用启发性教学法

隋允康

如何帮助青年教师提高讲课的技巧？我们督导专家的引导作用很关键。青年教师讲课水平不是一朝一夕就可以提高的，需要从讲课技巧入手。提高讲课技巧，有四个忌讳：一忌照本宣科，二忌独唱独白，三忌满堂灌输，四忌直端结论。四个忌讳不犯了，可以归结为一点：要有启发性。

这就够了吗？还不够。为什么？技巧仅属于“术”的层面，要从根本上提高讲课水平，务必要提高到“道”的层面上来。换句话讲：要以先进的教育观念驾驭我们的讲课技巧。

启发性是有层次的，有高层次和低层次启发性的区别，我们应当追求高层次的启发性。如何提供有高层次启发性的教学，我想同大家交流如下几点：①从孙悟空跳不出如来佛的手心谈起；②从单纯求术转变为以道驭术；③课堂教学中以道驭术的做法；④法无定法、如意展法。

一、从孙悟空跳不出如来佛的手心谈起

所谓孙悟空跳不出如来佛的手，比喻每个教师都逃不出被某种教育观念的掌控。不管教师是否愿意，主观上是否意识到，只要有人去听他讲 15～20 分钟课，就知道他是在单纯地灌输知识，还是在借助知识载体向学生传递或培训他们掌握方法，甚至是借助知识培养能力、熏陶素质。

上述情况的分野，则归结为自觉、不自觉体现出来的教育观念的指导作用。如果我们自觉地以先进的教育观念武装自己，课堂教学将会出现一个崭新的面貌。

二、从单纯求术转变为以道驭术

教学的技能、技艺或技巧，都可以归为技术的范畴，它是教育观念的具体运作，是“道”演化为“术”的具体做法。

如果单纯求“术”，不可能识别哪些技法可取，哪些技法不宜。如果境界低、眼光窄，那么既吃力，又不能连贯。“道”是抽象的、规律性的东西，但是，“道”不远“术”，“道”运“术”出。如果我们在作为“道”的教育观念上对了路，就会在作为“术”的教学方法上挥洒自如、左右逢源、处处合道。教学效果就会：令学生满意，令自己得意。学生满意的结果是：在获取知识的同时，有能力和素质上的提高。本人得意的含义是：如意展法，妙法连珠，愉快胜任。

三、课堂教学中以道驭术的做法

换位思考：时时刻刻想着学生的状态与水平。

讲课的总原则：表现知识发生过程，贯彻这条红线。

吃透后的转化：化繁为简，化难为易，化深为浅。

因和源为本：倚果追因，逆流溯源，重彩描绘。

重要助力：把学科探索与传播的方法论做为利器并借鉴发展史。

启发式教学：舍弃低层次，取用高层次。时刻引导学生参与探索。

师生互动：激励、吸引学生主动参与（如课堂记分鼓励）。

对多媒体手段：学习黑板，超越黑板，亲手去做，不停地改。

四、法无定法、如意展法

前提乃是对于“道”的驾驭。为什么？古人云：“万法归一。”“一”不会是“法”，因为在同一层次上，“万”不可能万归于“一”。好像由万道太阳光溯源回到太阳，说明“一”居于高层次，乃“道”也。

反过来说：“一演万法。”好像太阳放射出万道金光，由高层次的道派生出无数低层次的术。还需注意：“道”不同，演化出来的法则异，好像不同的恒星放射出光谱成分只属于它自己的光芒。综上所述，一定要强调正确观念指导教学法的把握和积累。古人有云：“真传一句话，假传万卷书。”似乎很难理解。其实，如果把“一句话”看成“道”，“万卷书”看成“术”，那就容易懂了。真正弄懂一句“道”，就可能推演出万种“术”来，即使推不出来，也容易理解和把握万种“术”。

针对每位教师个性的不同，最后要指出：道有定道，法无定法；以道驭术，如意展法。

还有一点感悟：画画的人通常眼、手不一致，或者说眼、手不协调。眼为眼光，手为手艺。多数人眼高手低，也有少数人手高眼低。不怕眼高手低，就怕手高眼低。

借用“眼、手不一致或眼、手不协调”，可以描述青年教师讲课水平的三个阶段：开始——眼高手低（一名新手）；接着——手高眼低（被认可了）；急需——眼高手低（要上层次）。

以上是一个否定之否定过程。

作者：隋允康，北京工业大学机械工程与应用电子技术学院教授，校教学督导专家。

谈教学中的画龙点睛

隋允康

一、话题的由来

为了生动地表达如何提高课堂教学水平的想法，以便于更好地指导中青年教师提高讲课技巧，这里借助龙年谈龙、龙年画龙的途径，同大家进行一点交流。

二、画龙点睛的故事

每年我都要画生肖贺卡，今年我画的是“画龙点睛”。现在的“借题发挥”的题就用这个故事。

唐代画家张彦远在《历代名画记》卷七中记述了“画龙点睛”，这是一个美丽的、魔幻般的故事：南北朝时期，中国画家之一的张僧繇（音同“瑶”）应邀为一座佛教的庙宇在墙壁上画了四条龙，但是都没画眼珠。人们问他：“为什么不画眼珠?”他答道：“画了眼珠，龙就会飞去。”人们不信，恳请他画。于是，他为一条龙画了眼珠，顿时，雷电交加，这条龙飞腾上天去了。人们回头看，另三条龙还安然待在墙上，寂然不动。

三、何谓教学中“龙的飞腾”

为了理解教学中“龙的飞腾”，先就画龙点睛故事的反面谈起，也就是：龙画得再好，“不点睛”也飞不起来。把这个故事用来比喻教学，张僧繇代表高水平的教师，龙代表教学效果，能飞的龙则是优秀的教学效果。

教学效果可以细分为眼前的和长远的两个方面。

从眼前看，学生们不仅领悟了知识，而且得到了能力的启发、素质的升华。

从长远看，为后续课程的学习奠定了基础或者构筑了阶梯，或者为学生毕业设计营造了智能发挥的平台，为学生可能的硕士乃至博士阶段的深造准备了必要的条件。

更远一点，我用腾飞的龙比喻那些在未来的工作中具有创新精神的人们，他们工作的独特和与众不同应当追溯到他们在大学期间的某些高水平教师的课堂，幸运的是，在那里，他们享受到了具有画龙点睛特点的课程教学。

反过来讲，那些不具有点睛后龙飞效果的讲课，不能造就创新的人才，仅仅是通过教学使学生获得知识而已。

四、对于点睛注入灵性的思考

点睛的奥妙之处在于画家的笔似乎具有魔力，我们如果把这看成一个美丽的神话，除了赞叹故事的作者不同凡响的想象力，恐怕就没有进一步的借鉴了。

然而，我们如果把画龙点睛看成寓言，那么就可以去思考其中的寓意了。从张僧繇的笔端向龙眼注入某种物质、能量或信息入手，我们就会提醒自己，为了把某件事做得尽善尽美，一定要倾尽全力、善始善终，灌注该件事的“灵魂”，而不仅仅是把握该件事的“肉体”。作为能量+信息的“灵魂”，与物质的载体不同，是一种无形的东西，因而更难以把握。

把龙从画得“传神”达到具有灵性或活性，实际上就达到了出神入化的极致境界。

五、如何给出教学中的点睛之笔

如果我们真的想追求画龙点睛式的教学，首先就要寻找课堂教学之“眼”。

眼睛除了看外界，还有同他人或动物有视觉交互的功能。在课堂教学中，教师的眼睛主要不是观察外界，而应当是完成同学生的交互对视乃至心灵的交流，我的画同许多画家的作品差别在于：除了龙的外观，还有人与龙的互视、眼神交流、话语反馈。

做到师生交流反馈，不仅在眼光上，更在于要在每堂课的开始把引出这节课的问题十分明确地提出来，而这往往是教师忽略了的事情。

在学校青年教师的讲课比赛之前，我有幸分别参加了建工学院和机电学院的青年教师讲课比赛，很遗憾，两个学院都分别只有一位青年教师较好地提出了本节课涉及的问题，其余都没有处理好这个开宗明义的问题。后来担任了学校青年教师基本功比赛的评委，因为那一天有事情，我请比赛组织者把我调到只需半天的文科组，同样，文科组的青年教师还是没有意识到提出问题的重要性。看来这是我校青年教师普遍存在的一个问题。

在一堂课的开始，要响亮、明确地提出相关的问题。它是画龙点睛式教学的第一个必要条件。以测量学中一堂课为例说明，一位讲课能力娴熟的青年教师讲了如何从距离与角度两方面消除测量误差的问题，当他这堂课快要讲完时，才给出了一张图，说明：从上一个测量点到下一个测量点，由于距离与角度的测量误差的累积，最终导致回不到最初的测量点。我对这位青年教师讲：我要是你，肯定要把这张图放在讲课的开场白阶段，一开始就揭示出经过多点测量回不到原点的严重矛盾，然后再告诉同学：今天的课程就要解决这个问题。

只有揭示矛盾，才能够提炼出要解决的问题，其好处在于两个方面：①强烈地吸引同学们关注本堂课的始终；②让他们每堂课都能够看到如何从感性到理性地形成一个科学问题，这其实是科学发现的开始，太重要了。

这就明确了要点睛的第一个要点——找到课堂教学的“龙睛”，提出有待解决的问题。

第二个要点是什么？显然是要注入的“灵性”！它应当是如何解决问题的途径和方法。很遗憾，教师们通常只是复述了前人对某个问题解决的结论，怎样把课堂教学集中在解决问题的研讨上，并不是十分明确的。

结论与探索结论的方法虽然密切关联，其实却迥然不同，前者是结果，凝聚为知识；后者是过程，表现为能力。显然，过程会对于学生今后参与发现新结果有启迪作用。

一位善于“画龙点睛”的教师，去在讲课前努力发掘潜藏在知识背后的能力；在课堂上，他会以知识为载体，向学生们演示前人的创新能力。具体讲：不是一下子把知识结论端出来，而是从无到有、一点一点地，表现知识发生的过程。

很可惜，即使获得了北京市青年教师讲课比赛第一名的佼佼者，也没有达到这一点。我们称赞他，作为对年轻人的鼓励，当然无可非议。但是，由于没有告诉其中的不足，他们进一步的前进就会不太大甚至停止。

因此，我们一定要提醒他们：要追求课堂教学中“画龙点睛”的境界，这关乎到“龙”能否飞起来的大事。

六、教学中画龙点睛的本质

如果说知识讲得很透彻，这条龙画得形似，甚至栩栩如生地传神，但是“龙”还不具有出神入化的灵性，这种教学水平再高，也只是低层次的启发式教学。

我们看过一些讲得很生动且有师生互动的课堂教学，师生之间的互动只是停留在知识层面上的问与答，很少有师生间关于如何解决问题的途径和方法方面的切磋琢磨。反过来讲，具有画龙点睛特色的教学，伴随教师一个又一个吸引学生参与主观创造过程（知识在客观上早已被发现了）的解决方法询问，本质上是一种高层次的启发式教学。

看似非常难的“画龙点睛”式课堂教学，其实却有着便于操作的切入点：

首先，抓“龙眼”，明确、响亮地提出本堂课欲解决的贯穿始终的问题。

其次，注“灵性”，时刻通过“龙眼”向“知识之龙”躯体里灌注创新“能力之魂”，须臾不离开如何解决问题的途径和方法。

当然，“形似”是基础，如果画的外形不像龙，点活了也不是龙在飞，那么，什么是“形似”？知识要讲准，这是基本条件，是“形似”。接着是“神似”，它是创新知识为教学宗旨的必要保证。

然而，从“神似”到“腾飞”是一个巨大的飞跃，必须把知识单要素的教学宗旨上升到知识、能力、素质三要素的高度，其中，能力是追求的宗旨，也就是说，要把启发式教学由低层次提升到高层次。

作为督导组专家，只有我们的认识上升到这个高度，才会引导青年教师不断地向上提升教学质量。

作者：隋允康，北京工业大学机械工程与应用电子技术学院教授，校教学督导专家。

论研究性教学在我校建设研究型大学中的作用

李振泉

《北京工业大学“十二五”发展建设规划》战略目标中提出，到2060年建校100周年时，把北京工业大学建设成为在国际上有重要影响、特色鲜明的高水平研究型大学。2015年基本实现从教学研究型大学到研究型大学的战略转变，随着学校战略目标的转变，科研要上层次，教学要上水平，而实施研究性教学则是创建研究型大学的重要标志之一。

一、研究性教学是研究型大学自身属性的要求

教学和科研是高等院校的两只翅膀，高校要想走得远、飞得高，两翼缺一不可。当今的高校，特别是研究型大学，除了要成为国家科技攻关项目研究基地之外，还负有培养世界一流拔尖创新人才的重任。要培养造就众多新知识的创造者、新技术的发明者、新学科的创建者。为此，就必须开展研究性教学，这是高等教育发展过程中教学理念的进一步升华和教学方法革命性的变革，现在已经成为众多研究型大学普遍采用的教学方法。

以清华大学为例，研究性教学已占据主导地位，学校借鉴世界一流研究型大学的教学经验，通过规范课程的教学要素，以教学和科研相结合为指导思想，大力加强以研究性教学方法为主要内容的课程建设。为提高整体教学水平，2001年，学校正式启动“百门精品课程建设工程”，率先在重要基础课、大类平台课、文化素质课中立项建设研究性教学示范性精品课程。精品课程建设着重加强课程内容的整合优化和教学方法的改革，努力体现研究性教学理念，落实讲授、讨论、作业、实践、考核、教材六个教学要素的规范化建设，使学生在获取知识的同时，提升素质和研究能力。

2012年北京工业大学聘请了国家级教学名师、清华大学范钦珊、陈信义教授为本科生上课，他们的教学就是典型的研究性教学。范钦珊教

授曾在我校作名师论坛报告，结合自己多年在力学教学中的经验总结，提出了研究性教学的理念：①坚持“素质教育、工程教育、创新教育”紧密结合，加强基础，强化工程概念，激发创新精神。②坚持“理论教学、实验教学、计算机分析”相结合，提高学生分析和解决问题的综合能力。③坚持相关课程的整合，形成系列化的完整教学体系，提高课程的教学效率。④坚持“课内、课外”结合：课内教学启发、引导，课外学习提倡研究，为优秀学生尽早进入科研课题创造良好的条件和环境。陈信义教授把清华大学物理学系列课程建设目标定为：推动研究型人才培养，明确课程的定位是为培养非物理类专业研究型人才打好物理基础，并按照研究型大学的教学理念向研究性教学模式转化。落实讲授、讨论、作业、考试考核、教材等教学要素，提升能力和素质培养的功能并提出应做到：①更新教学内容，保证课程的前沿性和先进性。任课教师努力把科研成果和研究的经验体会融入教学。鼓励学生写读书报告和“小论文”。②配合 SRT 计划（stvdent Research Training）研制一批研究型演示实验，演示那些不是一看就懂、需要认真研究思考的物理现象。③物理讨论课包括课程训练和研究训练两部分。课程训练的目标是通过对基本习题的示范求解和讨论，深入理解教学内容，培养学生运用物理知识解决物理问题的能力。课程训练占讨论课学时的 70% ~80%。其余 20% ~30% 的学时则用于研究训练，目标是激发学生思考，培养学生“天不怕、地不怕”的创新精神等。

从大学发展历史来看，19 世纪在德国教育家洪堡的大力改革与倡导使得“研究”成为大学的一项重要职能，深刻地影响了大学的发展，成为大学开展“研究性教学”的先声。“研究性教学”成为研究型大学的热点，则形成于 19 世纪末至 20 世纪初的美国高校。联合国教科文组织在 1996 年出版的《教育——财富蕴藏其中》的报告中指出，“教学是一种艺术、是一门科学”，“教师的工作并非只是传授信息，甚至也不是传授知识，而是以陈述问题的方式介绍这些知识，把它们置于某种条件中，并把各种问题置于未来情景中，从而使学生能在其答案和更广泛的问题之间建立一种联系。师生关系旨在本着尊重学生自主性精神，使他们的人格得到充分发展”，增强学生对未来社会的适应性，“在现代社会里越来越需要教育为培养个人的判断力和责任感做出贡献。与教师一起工作并同他对话，有助于学生发展自己的批判意识”。所以，高水平研究型大学的教学不是一般意义上的教学，理应向着研究性教学的方向发展，是研究型大学自身属性的要求，是高水平大学本身性质所决定的。教师不但要传授给学生“高深知识”，而且要通过教学让学生体验到用学到的知识研究问题和解决问题的重要方法，即培养学生的自主性、探索性、批判性和责任感。

二、研究性教学是研究型大学软实力的体现

对于高校来说，最根本的是人才培养的质量，而人才培养质量要靠高素质的教师队伍和高水平的教学手段来保障，研究性教学方法是实现培养高素质人才目标的有效手段。具体来说，研究性教学在教学过程中既能发挥教师的主导作用，又能发挥学生的主体作用；既能培养学生的学习兴趣、激发学生思维，又能培养学生分析、解决问题的能力；既能使学生掌握系统扎实的基础知识，又能培养学生的实际操作能力，克服了被动接受性教学的缺陷。我提倡的研究性教学，并不是要脱离教师指导、脱离课堂教学、脱离教材，而是教师根据教学内容和学生的认识水平，激发学生主动参与教学过程，启发学生积极思考，引导学生运用所学的知识去积极探究新知识，培养学生创造性地分析、解决问题的能力。对教师的“教”来说，研究性教学就是将科学研究的思想与方法融进教学过程；在教学形式上，教学要具有探究性。对学生的“学”来说，研究性学习要将科学探究贯穿于学习过程，是以“培养学生具有永不满足、追求卓越的态度，培养学生发现问题、提出问题、从而解决问题的能力”为基本目标；以学生从学习生活和社会生活中获得的各种课题或项目设计、作品的设计与制作等为基本的学习载体；以在提出问题和解决问题的全过程中学习到的科学研究方法、获得的丰富且多方面的体验和获得的科学文化知识为基本内容；以在教师指导下，以学生自主采用研究性学习方式开展研究为基本的教学形式。研究性学习的本质在于，让学生亲历知识的产生与形成的过程；使学生学会独立运用其脑力劳动；追求发现“知识”、获得“方法”与形成“态度”的有机结合与高度统一。这是研究性学习的本质所在，也是研究性学习所要达到和追求的教学目标。根据这一理解，如果学生只能遵照教师制订的方案，按照教师规定的步骤与路线，解决教师提出的问题，得到教师想要的答案或结论，那么，这种“探究学习”其实并不是真正的探究性学习，因为它丢掉了研究性学习的实质与灵魂——知识的自主建构。建设研究型大学，不仅要提高学校的硬实力，即学科建设和科研能力；更要提高其软实力，这个软实力就是教学水平并与之相符的教学方法、教学手段等，即与研究型大学相辅相成的研究性教学。我们要经过数年的努力，在建设研究型大学中孕育出更多的教学名师，培养出更多的创新型人才，进一步提高

学校的软实力。

三、研究性教学是进行教学方法改革的推手

“法无定法”，研究性教学没有统一的模式，在我校教学过程中采用的有启发式、问题式、案例式、设计式和研究式等方式方法，这些在推动学生自主学习与研究，培养学生勇于探索、求实创新精神等所起的作用异曲同工。学生与教师一样都是知识探究者，是通过探究进行学习的参与者。研究型大学的教与学是互动的，教和学相互促进。教学对于教师来说，也是一项学术活动。教师要努力把自己的、他人的最新科学成果转化为教学内容。麻省理工学院的校长查尔斯·维斯特曾在北京大学百年校庆上这样说过：“人家问我成功的秘密是什么，我说没有什么秘密，我最大的秘密就是促进教学和研究的结合，尽可能把年轻人引导到科研领域。”显然，本科生有机会参与大学的科学研究，了解并掌握学科发展的前沿，是研究型大学在本科教育方面最明显的竞争优势。

近年来，我校在改革人才培养模式，构建与研究型大学相适应的创新人才培养体系过程中，开展研究性教学方法研究做了大量工作，许多教师在教学生科学研究的同时对教学方法也做了积极探索，如：机电学院高国华老师开设的 TRIZ（Theory of Inventive Roblem Solving）理论课，对研究性教学做了新的尝试。TRIZ 理论提供了目前公认的一种很好的创新设计方法，具有先进性、启发性和实用性，加之教师的教学水平高，课堂组织能力强，有先进的教学理念和教学方法，收到较好的教学效果，学生反映很好，收获大。如 070104 班的夏梦滢同学说：“通过听课，我们认识到了创新理念是民族之魂，民族的发展在于创新。没有创新就没有发展，没有发展就没有未来，我们是新世纪的社会生产力，必须加强创新意识。”机电学院余跃庆教授在教授《机械原理》与《机械原理课程设计》课程中，进行了研究性教学模式的实践与探索，运用了“探索性学习”（PBL）的教学方法。其主要做法是：①“两个一体化”。首先，实行《机械原理》与《机械原理课程设计》教学一体化，二者不是截然分开，而是在《机械原理》讲完连杆、凸轮、齿轮机构后，就向学生下达课设任务，明确设计要求。这样一方面可以让学生带着问题学理论，便于做到有的放矢、“学以致用”。另一方面则为学生争得了充分调研、思考和进行创新实践的时间。其次，设计与制作一体化。在设计完成后要求学生充分利用校内外条件，加工制作出原理模型或样机，培养学生的动手能力和工程实践能力。②全开放式选题。课设题目由学生自

己从改善民生、方便生活、增加生产等多方面的创新需求出发进行选择。由于机械创新设计大赛每两年一次，而课设年年有，故教师可根据大赛的主题，如环卫机械、食品加工机械、助残机械等给课设设定主题范围。③“两个相结合”即课程教学与北京市和全国大学生机械创新设计大赛相结合；第一课堂和第二课堂相结合。该教学方法取得了较好的教学效果，深受学生欢迎。

总之，开展研究性教学对我校改革人才培养模式，构建与研究型大学相适应的创新人才培养体系，建设国际上有重要影响、特色鲜明、高水平研究型大学具有重大作用；是提高我校办学软实力，孕育更多的教学名师，培养更多的具有国际视野的高素质应用型创新人才的需要。

参考文献

[1] 吴晶．与美国大学相比中国大学究竟缺什么——读《清华大学本科教育学情调查报告2009》有感．科技信息，2011（7）：92－94

[2] 刘凡丰．美国研究型大学本科教育改革透视．高等教育研究，2003，24（1）：100－104

作者：李振泉，北京工业大学教学质量办公室主任，副研究员。

提高课堂教学质量探讨

朱志达

教学质量的根本标准是成人与成才，这也是学校培养合格人才的立校之本。影响教学质量的因素有很多，其中课堂教学质量是主要方面。若要提高教学质量，其关键是先要提高教师的教学水平，名师出高徒。教师讲好一堂课不易，想一辈子上好课则更难。多数青年教师有上好课的愿望，但知识还不够丰富，又缺乏生产与教学实践的经验。若想成为优秀教师，必须先努力学习，做好充分的准备与训练，在理论的指导下进行教学实践，并在教学实践中不断地深化与提高，才能达到预期的目标。作为已有在校内外数十年教学经验及十多年教学督导工作经历的退休老教师，将视关心学生的成长与帮扶青年教师提高教学水平为己任。因此，本文就提高课堂教学质量问题做些探讨，希望能对青年教师的备课与讲课有所帮助。

在不同时期，大学的课程有不同的分类方法。若从本质来划分，可分为以课堂教学为主的理论课（基础与专业类）及以实践为主的实践课（实验、实习、设计等）。由于篇幅限制，仅就提高课堂教学质量方面谈些看法与建议。

一、课前教学材料的准备

讲课是一门艺术，想要讲课出彩，让学生满意，首先应努力准备好优质的教学材料，打好功底，做到心中有数。

1. 泛读和精读与课程有关的教学材料及掌握必需的先进教学内容

在课前准备教学内容时，不能急于求成、走捷径似的只选用一本教材内容，其要害是知识面窄且不够先进。因为教材内容与新的资信将随时代与教改的变动而变化。1980 年之前受计划经济的影响，只有高等学校统编教材供教师选用，资信稀少。改革开放以后，有实力的名高校都争着出版自己的精品教材，已出现百花齐放、百家争鸣的局面。青年教师上课多半属于“新开课”，而不是“开新课”。在开课之前，先要研究教学大纲，为了编写教案、讲稿和多媒体课件，首先要广泛快速地阅读与课程有关的教材及新的资信与成果，以扩大知识面；其次要精读准备已选用的教材，深化知识面；最占要运用扬长避短的筛选方法将教学内容归纳为便于自己掌握及应用的教学内容。即通过先由薄到厚、从知之不多到知之甚多，再由厚到薄、从知之甚多到筛选出符合大纲要求的讲课内容。将教学内容按照章、节分类，编缀为：①学生必须学会的基本概念、理论、训练方法的重要内容与一般了解的知识性内容；②明确讲解的重点、难点，划分需要掌握、熟悉、了解或者课下自学的内容；③应讲的例题、思考题及课下的思考与作业题；④要讲解或介绍的新信息与学科新成果等。

这样做的好处是为编写教案、为制作出优质的讲稿和课件、为娴熟的教学打下良好的基础。

2. 制作优质的课件

教学课件是按照教学大纲的要求，为协助教师讲课而制作的战术性文件。它是教学内容的精编版本，讲课时，教师以它为引导，但不能过分依赖。随着时代与教改的发展，教学对象、环境、硬件设施等情况都在变化，教师的教学内容、教学形式与方法也应与时俱进。现在教师左手拿讲稿、右手拿粉笔在讲台上侃侃而谈，学生认真地紧盯黑板或低头速记的场面已鲜见了。最突出的变化是教师都在运用多媒体进行讲课，学生基本上放弃记笔记，改用移动闪存等用具存储教师的教学课件。利用多媒体课件讲课的优点是显而易见的，但一些新的问题也随之而来。有些青年教师放松了课前备课，过分依赖课件，变为站或坐在电脑屏幕前埋头宣读课件，无暇注意课堂上学生的听课反应，加之一些课件质量不高，其结果是导致学生出勤率与听课率降低，教学效果差。一旦遇到停电或多媒体出故障，由于教师无讲稿，对授课内容又不甚熟悉，只得被迫停课。

优秀的课件应具有的特点是：①能较全面地反映不同重点、层次的教学内容，重点突出；②按照教学内容的需要，版面宜静、动结合，若动画效果好的就不要采用静态演示；若插图与表格能阐述清楚就尽可能少用长段的文字描述；③课件中的章、节编码应自成体系，不要出现前后重复与矛盾；版面应清晰，图表、插图及文字的大小与色彩应考虑到教室的大小与环境及学生的人数，使学生都能看清楚，以减少疲劳；④例题、思考题、作业题与教学内容及实际联系要紧密、能启发与提高学生的思维创新能力。制作的课件不可能一次就完美，应随教学经验的积累加以改进。

二、加强对课堂的有效管理与综合采用多种教学方法提高教学质量

教师光荣而神圣的职责是终生为提高教学质量而工作。全面精炼地收集先进的教学内容，制作优良的课件只是提高课堂教学质量的必要条件，其充分条件是为了建立良好的教与学的风气，产生优良的教学效果。此外，教师还应当善于对课堂进行有效的管理，并且能综合采用多种教学方法去调动学生的学习积极性、启迪学生对学科学习与研究的兴趣。

1. 教师应以育人为本，不断提高驾驭课堂的能力

优良的教学风气是提高教学质量的先决条件，只有教师先端正教学态度，为人师表，才有可能去培养与建立良好的学风，对课堂进行有效的管理。许多两鬓白发、远住校外的老教师，也有许多重要的工作或琐事缠身，却能几十年如一日、精神抖擞地按时上、下课，教风与教学效果都很好，表现出以育人为本的高尚师德。反之，个别教师家住校内，平时不重视师德修养，上课也会迟到。也有一些教师只管讲课，对迟到、早退、缺勤及破坏课堂秩序的行为熟视无睹，或者只会简单地批评，教育不够得法，导致教学效果差。

如何才能实现对课堂的有效管理呢？这其中有很重要的一点就是要讲好绪论课即第一堂课。学生对第一堂课都比较重视，出勤率与听课率都比较高。其目的是为了了解教师的教学水平，探听新课的内容与用途，观察教师对课堂管理的松紧。青年教师应当知道并且抓住这次良机，努力讲好第一堂课，对课堂进行有效的管理，给学生留下好的印象，同时坚持做下去，绝不前紧后松、虎头蛇尾。

2. 应综合采用多种教学方法去调动学生的学习积极性

优秀教师除备有丰富而先进的教学内容、制作精良的课件、善于课堂管理之外，还能综合采用多种教学方法去调动学生的学习积极性，从而产生出优良的教学效果。按照本人多年的教学实践经验，教学至少要做到以下几个方面：

（1）对教学内容要娴熟，能讲脱稿课。教师应将教学内容应牢记于心，为提高课堂教学质量创造有利条件，并适当地进行内容扩展，这样学生才不会觉得老师讲的内容与教材内容几乎一样，知识面要广泛得多，重点突出，不听课可不行。此外，按照教学内容需要，教师应采用动态与参与式教学方式，若有必要还可以一边讲课一边走下讲台提示学生注意听课。在讲课的同时，教师要洞察全班的听课反应，以便及时调整，采取有效的教法去调动学生的学习积极性。

（2）讲课要有激情，应按照不同层次的教学内容采用最为有利的教学方法。讲课时应尽可能面对学生，少静多动地采用自备教鞭或手势，讲到哪儿，指到哪儿，以配合讲课。特别对必须教会的重点概念、理论和技能技巧应提高声调先提出问题，让学生思考，然后恰当地利用板书配合讲解。讲课要有快慢节奏变化，语调要抑扬顿挫，并适当运用手势去调动学生参与到教学中来，共同思考、讨论、解决问题。一旦发现不少学生对某部分尚有疑问，则可以适当地重复阐述。凡是站着不动，用一种声调，和尚念经式讲课，只会让学生越听越困。

（3）讲课要遵守教学原则，比如以学生为主体的原则，以学生为本，为学生服务，千方百计调动学生学习积极性和学习兴趣。能够因材施教，讲课内容能使多数学生听懂、少数学生经过课下复习能学会，一些学习好的学生可以布置一些较难的作业、思考题，指导他们阅读一些新的信息与成果，以各取所需。

若想提高课堂教学质量，成为一名优秀教师，在思想上应重视教学工作，广泛收集先进的教学内容，精制教学课件，善于课堂教学管理，采用多种有利于调动学生学习积极性的教学方法。

教育大计，教师为本。青年教师又是未来深化教学改革与保证教学质量的关键人才，我校在培养青年教师方面已做了许多有效的工作，如完善青年教师和研究生助教上课制度；给青年教师配备导师，上课前先经过培训考核、试讲、专家点评，考核合格后才能上岗；组织青年教师参加教学基本功比赛；大力表彰和奖励在第一线做出贡献的教师等措施。本人多年听课的感觉是，青年教师上课的主要弱点是理论联系实际的知识与能力不足。在检查毕业设计等实践教学环节时，发现由于部分青年教师缺乏生产实践方面的训练，对设计规范、规程、生产工艺及要求不熟，表现出有些理论脱离实际，设计的图纸不符合生产实际的要求。在因材施教，培养卓越工程师方面表现出有些力不从心。因此，为了加强实践教学，切实提高大学生的实践能力，建议学校尽快制定让青年教师去生产、设计、施工等单位参加实践训练的措施或制度。

作者：朱志达，北京工业大学建筑工程学院教授，校教学督导专家。

讲课是一门艺术

邵学才　邓米克

“讲课是一门艺术”，这是很多资深教师经历了多年的教学实践后所得的真知灼见。虽然有些人仅仅把这句话看作是一种比喻，但我们认为，讲课确实是一门艺术。艺术有多种多样的门类，可以把课堂教学归为表演艺术（包括影视、戏曲、戏曲艺术等）一类。表演艺术通常由三大要素构成，第一个要素是“剧本”，很多专家和有识之士都极其重视剧本的创作，常谓之：“剧本乃一剧之本”。可以回想一下，正是由于曹禺、老舍、吴祖光等名家创作的传世之作，才有久演不衰的“日出”、“茶馆”和“风雪夜归人”等经典的表演艺术精品。剧本是表演艺术的基本元素，也是构成经典的表演艺术精品的奠基石。一些港台影视导演为了追求商业利益，减少成本，竟然没有剧本创作，只有一个故事概况，让演员在拍摄现场按故事情节自编台词，还称之为“即兴表演”，这类作品只能有短期效应，只能是商业炒作，绝不能成为艺术精品，这是不可取的。表演艺术中的第二个要素是“导演”。导演的职责是把剧作者的文字表述转化为生动的、极具视觉效果的形象表述。导演必须“吃透”剧本，把剧本中的思想、理念一一表述出来。常说：一千个人眼里有一千个哈姆雷特。有作为的导演应当有能力将剧作者的思想内涵充分表现出来，甚至使剧本的思想境界得到进一步的升华。导演的工作就是要对剧本进行二度创造，创新是导演的灵魂。第三个要素是“演员”。演员是在充分领会导演的意图（当然也包括对于剧本思想内涵的理解）后，运用各种演技，把剧本中人物的特色展示出来，演员可以说是剧本中角色的形象代言人。

如果把课堂教学的全过程与表演艺术相比，可以看到二者是极其相似的。在课堂教学中使用的教材就相当于表演艺术中的剧本，教材是课堂教学中的基本元素，一本优秀的教材会为优秀课程的创建起到基础作用。教材的编写者必须有较好的文笔，能做到行文流畅，基本概念的叙述没有“涩”而词不达意的表述，教材内容要环环紧扣，富有逻辑性。教材的最大读者群是学生，所以编教材时应当树立以学生为主的指导思想，处处为学生着想，以服务学生为宗旨。教材的编写力求做到“复杂问题简单化”、“抽象理论形象化”、“专业知识大众化”的“三化”目标，使教材具有“宜教易学”的特点。

与表演艺术稍有不同的是，在课堂教学过程中，教师是集导演与演员于一身的，或者说教师既是导演又是演员，当然在参与式教学中，学生也是演员。在备课时，教师扮演了导演的角色。和表演艺术中的导演相类似，教师在备课过程中，也必须“吃透”教材，对于教材内容和教材中体现的教学思想要有充分的理解和把握，在此基础上再对教材进行二度创作，需要采用多种多样的设计，不仅是将教材中的文字表述转化为语言表述（随便说一句，有些教授正是因为不太重视这一转化工作，而使讲课成为“照本宣科”），而且主要目标是构成一堂有声有色的、使学生关注的讲课。根据多年来的课堂教学实践，我们体会到对教材进行再创作的过程主要是以下三点：一是处理、二是加工、三是展开。所谓处理，是指对教材内容作适当调整、取舍，使讲课的内容更符合学生的接受能力和认知水平。在此基础上，再对教材内容作适当加工，这里的加工主要是指对教材中一些不够完善的地方作进一步的调整，如增加或改动一些例题，帮助学生更好地理解基本概念。还可适当地设计一些提问，制造“悬念”，以提高学生的学习兴趣，营造活跃的课堂氛围。最后，就可以对教材内容作进一步的展开，所谓展开，主要是指具有目的地增加一些新的学科前沿性内容或新的研究成果，提出新的思考问题等，这样做一方面可以开拓学生的知识面，另一方面也可以引发学生作进一步的思考与研究，这对于培养学生的创新意识是颇有效果的。这里还需要提醒一下，在备课过程中不要忽略了对细节的处理，常说“细节决定成败”，当年拿破仑在俄法战争中，疏忽了一个细节：铅在严寒中会化成粉末，而法军的军服上的扣子都是用铅做成的，因此在俄罗斯严寒的冬天，法军军服上的扣子全都化成了粉末，无法抵挡严寒而只得败退，这是“细节决定成败”的实例。在课堂教学中，不重视细节的事情屡有发生。有些教师在备课时，对于讲课时所讲的例子，没有认真地演算一遍，认为这类例子简单而且自己又很熟悉，不必花精力去准备，为此常在讲课时，一时发懵，不知如何求解此题，发生“挂黑板”现象，这不仅影响了课堂教学质量，也影响了教师的威信，初上讲台的青年教师更要注重这一点。

在表演艺术中，演员的功底非常重要，俗话说“台上一分钟，台下十年功”、可见表演前的准备工作是多么的关键。演员需要按导演的意图进行表演，那么在课堂教学中，教师充分且认真的备课，就是最后成功的关键。要求教师把备课的东西充分体现出来。如果说演员水平的高低决定了表演艺术作品的成败，那么同样在课堂教学中，备课质量的高低也决定了讲课质量的高低。应当切记，教师一定要极其重视备课这一环节。

主要作者：邵学才，北京工业大学计算机学院教授，校教学督导专家。

论教师的修养
——怎样做一名好教师

李宗泳　李振泉

教师是无私而神圣的，为师者光于前而誉于后，中国自古就有尊师重教的传统美德。然而，为师难，做一名好教师更难，这已成为不争之事实。有人提出“无德不为师，无爱不成师，无术难为师”，我们还加了一句“无艺不名师”。为师者，师德为先，做到“学为人师，行为世范”。要乐教，爱学生，有精湛的学术水平和教学修养，要精通基础、掌握工具（如应用软件等）、熟悉方法（学科研究方法和教学方法）、勇于实践、勤于总结（注重经验积累）、探索规律（科学规律和教学规律）。做到“脑中有学问，心中有学生”。苦练教学基本功，钻研教学艺术。要具有超强的三力：动力（德）、能力（智）及精力（体），即教师要德、智、体全面发展。对于好教师的标准，古今中外屡屡见诸先贤著作，学者笔端，名师之谈。韩愈在《师说》中指出教师必须做到“传道、授业、解惑”。董仲舒在《春秋繁露，玉杯第二》中提出“善为师者，既美其道，又慎其行”。《礼记·学记》中提出“善教者，使人继其志”。《论语·为政》中提出“温故而知新，可以为师也”。孔子曰：“君子知至学之难易而知其美恶，然后能博喻。能博喻然后能为师，能为师然后能为长，能为长然后能为君。故师也者，所以学为君也……凡学之道，严师为难，师严然后道尊，道尊然后民知敬学……”

无需赘述，以上古训足以证明中国古代对教师要求之高。既要具有治国安邦的德行，又要有教化民众和学生的方法；既要使自己的理论不断完善，又要使理论付诸实践而言行一致；既要不断演习已掌握的知识，又要不断进取而更新知识。不但要传授知识，还要教会学生为人之道。

时代在变迁，社会在发展，好教师的标准也在不断完善，许多真知灼见成了传世真言。比如：

20世纪60年代流行于北京工业大学的“一桶水与一碗水”的观点，认为教师掌握所教学科的知识量与教学大纲要求传授给学生的知识量应是一桶水与一碗水的关系。知识贫乏的教师只能照本宣科，现在发展成“照课件念科”，岂能取得好的教学效果。在当时，北京高校盛传“猎枪、大饼”论，认为好教师不光会教给学生知识，更要教给学生自己去获取知识的方法，培养学生独立获取知识的能力。把只教知识比作给学生大饼，而大饼总会吃光，只拥有大饼（知识）的学生难免有朝一日会饿肚子；授予学生方法即治学之道，就给了学生猎枪，在需要猎物时就可取之不尽、用之不竭。

70年代，美国出版了一本很有影响的书，叫《The process of education》（教育过程），它是在苏联第一颗人造卫星上天后，美国各界对美国教育反思的产物。该书主要强调加强学科结构教育，以解决教育学与心理学中“学习与迁移”相互关系的难题。因此，一个好教师，必须对学科结构有深刻的认识，并通过结构教学在学习中完成两种方式的迁移。一是特殊迁移，也就是习惯与联想的迁移，使学生通过学习某种技能，而能胜任与所学专业相类似的工作；二是原理与态度的迁移，即学生应用所学的普遍原理、基本概念及治学的基本态度与方法来扩大和加深知识，能够分析与解决新遇到的各种问题，使教学收到“举一反三”的优良效果。

一个好教师必须是十分重视治学方法和能力培养的教师，联合国教科文组织提出“今后的文盲将不再是不识字的人，而是不会学和学了知识不会用的人。”

也有人提出好教师是对学生有影响力的一代宗师，具有敬业精神、认真负责的态度、崇高的理想和高度责任感，以师德和身教感染学生，博得学生的崇拜和尊敬。

80年代，南京大学一位有名的教授提出：“一个教师把课本教得很好、把知识教给学生，这还不算有真本领……对学生进行科学思维训练才是一个称职的教师……一个好的教师要掌握艺术的传授方法。”他引用了一句外国名言：“一个差教师给人们传授真理，而一个好教师能教会人们发现真理。”世界著名的教授、计算机全息图的发明人罗曼曾提出：“如果你是教自然科学的，你应该教学生如何去发现；如果你是教工程技术的，你应该教学生如何去发明。如果一个教师不能教学生如何去发现、发明，他就不是一个好教师。”

有一份国外资料对课堂教学的评价规定了如下条目：①组织得生机勃勃；②紧扣有限的少数概念；③限定时间；④运用幽默；⑤避免离题乱扯；⑥语言上注意词汇量，防止用方言，注意使用教具和讲授艺术。

武汉测绘大学有一位老教授曾提出：“一个好教师，他授的课必须有科学的内涵、哲学的背景、文学的神韵。”我们认为，还要加上“相声的幽默、喜剧的诙谐”。

综上所述，一个好的教师不但应该是学有所长、学有所专的名家，最好有发明或发现的经历和经验，从事本门学科领域的科研和技术开发工作，洞悉本门学科的发展方向和前沿课题，有治学成功的经历和经验，在哲学和文学上有一定的修养和功底，博览群书，尽可能在教育学、心理学、科学史、科学学、人才学等方面获取知识武装自己。这样，他就能站在哲学的高度把科学的知识用文学的语言去表达，用语言艺术启开学生的心扉，开发学生的智慧，教给学生如何发现问题、提出问题、分析问题和解决问题。

由此可见，要做一个好教师岂非易事！但是，只要注意个人修养、坚定信念，有志者事竟成，广大教师一定可以成长为名副其实的好教师。

具体来说，教师的修养应集中在以下三个方面：师德修养、学术修养和教学修养。

一、师德修养

有人说：“教育是事业，对待事业要有奉献精神；教育是科学，对待科学要有求真精神；教育是艺术，对待艺术要有创新精神。”这可算得上新时代的高尚师德——奉献、求真、创新。

在长期的教育实践中，在党和政府大力倡导下，已形成了一套师德规范，这就是：爱国、敬业、进取、律己和协作。表现为“乐教”、“爱生”、“好学”。要求做到：

有坚定正确的政治方向。爱国乃师德之本，首先要爱国，进而拥党的教育方针政策。

有敬业精神。要有做人民教师的荣誉感和责任感。“忠诚党的教育事业”，具有无私的奉献精神，即所谓的“春蚕”、“蜡炬”、“人梯”、“路石”精神，要热爱学生。“教书育人”，有优良的教学效果，全面关心学生的成长，既平等对待学生、教学相长；又严格要求、一丝不苟。

有进取精神。创新乃进取精神之最高体现，创新是民族之魂。业务上要精益求精，求实认真，事业心强，有勇于攀登高峰的勇气；治学严谨、勤奋好学、勇于实践、敢于创新，为学生树立一个锐意进取、奋斗拼搏的榜样。

有严于律己的品德。教育的力量源自榜样，“榜样的力量是无穷的”。教师应该是遵守国家法律和学校各种规章制度的模范，是遵守公共道德的典范；以其思想品德、政治态度、工作作风、一言一行、一举一动、仪表神态等给学生以深刻影响，从而充分体现教育是开导人、哺育人、塑造人的职业。教师高尚的人品和人格魅力，是使教育取到良好效果的保障之一。孔子曰："其身正，不令而行，其身不正，虽令不从。"

有团结协作的精神。教育本身是一个庞大的系统工程，它由若干个子系统组成，教师的工作只是一个子系统。所以教师之间、教师与其他教育工作者（如行政、后勤、党务、学生工作者）之间必须团结协作，形成"齐抓共管"的教育合力，才能收到使学生全面、和谐发展的效果。同时，现代科技具有高度分与合的特点，分支学科、人文学科、社会学科的综合，形成了21世纪科技发展的总趋势。一个人的知识和能力是十分有限的，要完成综合大课题的研究需要团队精神，成员间相互配合，取长补短，共同为一个目标奋斗。为了培养学生集体主义、团结协作的精神，教师必须成为团结协作的楷模。

师德修养主要指教师在教书育人过程中不断增强自己的师德意识，明确教师职业道德和理想，撑握职业道德的内涵及评价标准；建立职业道德的信念，端正育人的劳动态度等。由于育人劳动具有复杂性、多样性、反复性、独立性、创造性和示范性等特点，就要求教师具有全心全意为学生服务、认真负责和极其耐心的充满热情乃至激情的劳动态度。

二、学术修养

教师的学术水平是教师理解教材、编好教案、写好讲稿、决定正确教学方法、实行因材施教，进而改进教学内容，使教育实现"三个面向"的基础。提高教师的学术修养是提高教学质量的需要。

学术泛指各种专门而且系统的学问或知识。一般说来，学术水平高是指对某一学科具有广博而深厚的理论知识，具有很强的研究与实践能力。学术修养的含义应包括：①对本门学科结构的掌握。要求掌握学科的理论系统，谙知理论发展的来龙去脉。②对本门学科应用知识的掌握。要求掌握如何应用理论去分析问题和解决实际问题，掌握学科的应用范围。③对本门学科在世界范围内的发展现状及发展方向的掌握。要求掌握学科的最新成就、应用成果等。④对本门学科研究与思维方法的掌握。要求了解有关认识论与方法论的知识，如哲学、现代科学、科学史等各种知识。总之，学术修养是教师的基本功，是提高教学质量的必要条件。

对教师来讲，学术修养可从两个方面培养来着手。一方面是围绕教学进行的学术修养。首先要精读、细读教材，对于教理工科的教师而言，必须完成与教学内容相匹配的一定量的习题和实验，然后要泛读比教材内容更高一级的理论书籍。比如教大学物理的教师就应该把“理论力学”、“热力学统计物理”、“电动力学”、“量子力学”好好学一学。其次，对本门学科的经典著作要反复阅读领会。比如教计算机学科的教师应研读维纳的《信息论》；教物理光学的教师应研读玻恩、沃耳夫的《光学原理》；教信息光学的教师应研读古德曼的《傅里叶光学导论》；教《激光原理》的教师应研读阿莱夫的《光电子学导论》等。总之，每门学科都有自己经典之作，是值得好好研读的。对于教文、史、哲、经、管类的教师，更应提倡研读经典之作、中外名著。诸如中国古代的“四书、五经”、汉赋、唐诗、宋词、元曲、“四大名著”；欧洲古代及文艺复兴时期的但丁的《神曲》、薄伽丘的《十日谈》、塞万提斯的《堂吉诃德》等。此外，还可通读或参考与教材同水平的一类众多书籍。对于同一个问题，不同的书籍可能有不同的阐述，有的简明扼要、有的严谨缜密、有的通俗易懂……这样，就可以丰富自己的阅历，为讲课积累更多的材料。经过教学实践的演练和教学经验的积累后，要着手写作教学论文、编著讲义或教材，进行教学改革。另一方面是围绕科学研究进行的学术修养，这是更深层次的创新知识的学术修养。教师应从本门学科发展的需要及从经济建设主战场的需要出发，选择科学研究课题，并围绕课题广泛涉猎国内外最新发表的专著及著名杂志上刊登的论文。逐渐成长为学贯古今、中西的学者。达到追赶、紧跟、超越世界先进科技水平之目的，能够提出或解决本门学科最前沿的问题。有资料透露说，从1961～1999年，在258位自然科学类诺贝尔奖得主中，有203人是在大学工作期间获的奖。大学成了诺贝尔奖获得者的摇篮，可见教师的学术修养有多么重要。科学研究是提高教师学术水平的催化剂，是培养学术修养的重要手段，是实现教学与科研互动、培养创新人才的重要保证。

三、教学修养

无数事实表明，学术水平、科研能力不是提高教学质量的充分条件，它们只是必要条件。有的学术水平很高的科学家，并不能当一名好教师。要成为一名好教师，教学修养起到关键作用。

教学修养包括：

（一）教学理论修养

当今的大学教师，绝大多数是非师范院校毕业生，进行教学理论修养尤为重要。建议他们在平日里多读一些教育学和心理学方面的书籍。

通过学习，掌握教育与教学的一般规律；掌握教学过程的特征、教学原则、教育对象的心理特征、教学理念与施教方法等专门知识。

关于教育教学的一般规律，重要的有：二主律，即教与学的和谐统一律；简捷律，即间接经验与直接经验和谐统一律；发展律，即传授知识与发展能力和谐统一律；育人律，即教书与育人和谐统一律。规律是一切事物发生、发展的客观法则，顺之者存，逆之者亡，不以人们的意志为转移。教育工作者必须按规律办事，教育教学才能蓬勃发展。

关于教学过程，其中一个重要环节是备课，一个不称职的教师，往往就栽在备课环节上。他们不知道应该怎样备课，更不知道备课要遵循一定的程序。对于教学大纲、教材处理、教学目的、教学设计、教案和讲稿的区别等在脑子里若明若暗。认为备课就是看看教材，做几道习题，转录好现存的课件。如是，上了讲台就照本宣科，或者坐在计算机屏幕前对着荧屏讲，或面对大屏幕一字一句地念。这样的课堂会使学生觉得索然无味，不分神、不睡觉、不玩笔记本、不逃课才怪！所以，备课是教师教学的主要修养课题，一定要倍加注意。在这里推荐一套备课程序，如图 1 所示：

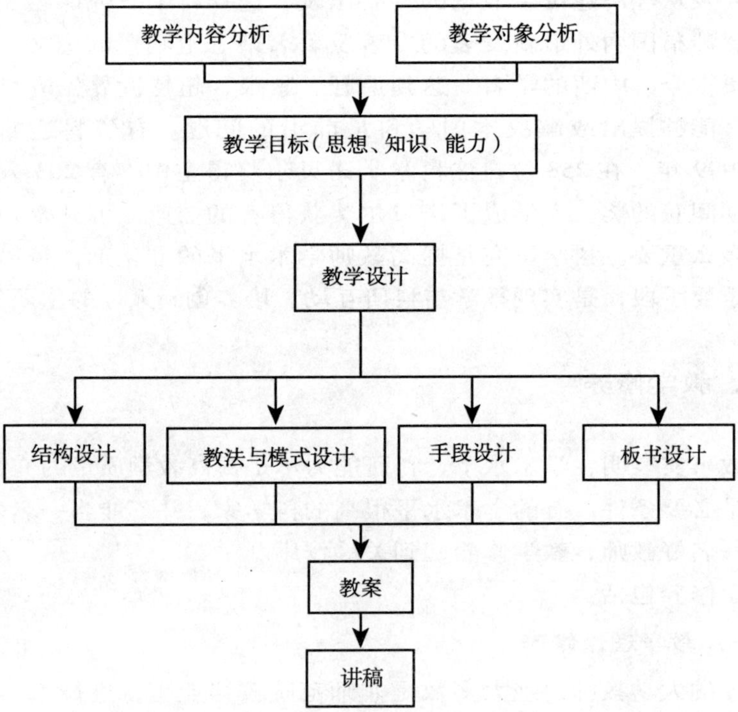

图 1　备课程序示意图

1. 备课要“吃透两头”

这里的“两头”，一头是教学大纲和教材，另一头是学生。教师容易忽略的是教学大纲，这千万使不得。大纲是教学的法律文件，它规定了课程的基本内容、重点、难点以及内容的深广度，它是教学目标、教学设计、教案和讲稿的根据。分析教材内容是要按大纲对内容进行三基划线，即明确基本理论、基本知识、基本技能技巧的划分。明确对学生的要求：知道、了解、掌握、熟练的内容。同时还应明白所授内容在学生专业知识结构中的地位和作用，使教学具有整体观念。对于另一头而言，曾有一位北工大的教师提出：“备课要备学生”，古人曰：“知己知彼，百战不殆”，都说明了进行教学对象分析是绝对必要的。首先可以向学生的辅导员、班主任了解班内学生入学成绩及学生来源（重点中学还是普通高中）；其次，向先修课教师了解学生之前的学习内容和学习成绩。这样就为教师进行启发式教学和因材施教做了比较充分的准备。

2. 教学目标的确定要遵从培养目标

有的学校把同一个专业（工科）的培养目标分成“工程技术型、工程管理型、工程研究型”这样教学目标即教学要求（思想、知识、能力培养要求）就要紧扣培养目标。下面以建筑环境与设备专业所开的课程供热工程为例，谈谈课程教学目标怎样与专业培养目标相耦合。对于工程研究型人才，必须熟练地掌握供热工程中的三大设计计算，即热负荷计算、散热器计算、水力计算；学生毕业后可去相关的研究设计院工作。对于工程管理型人才，应重点掌握供热系统、供热设备、水压图的制作与应用，水力工况分析和供热调节等章节的内容，为学生将来从事供热运行管理工作打下坚实的基础；学生毕业后可去企业、事业单位后勤部门、物业公司等做管理工作。对于工程技术型人才，应重点掌握供热系统、管网的布置与敷设的相关施工技术；学生毕业后去施工一线工作。

3. 要重视教学理念、教学方法与模式的研究

这是教学设计的核心问题，理念是方法的灵魂，二者的关系是“道”与“术”的关系，术者法术也。术（方法）是道（理念）的运作，道演化为术，所谓“道运术出”。有道则术可运作自如，处处合道，“道有定道”而“法无定法”。教师一定要加强教学理念的创新，并随时更新理念。

现代的教学理念，其流行的叫法为“主体理念”。即教学以教师为主导、学生为主体。教师的任务是通过教学实践激发学生的热情，提高其学习兴趣，变“要我学”为“我要学”，使学生由被动的学习者变为主动学习的“发现者、研究者、探索者”。

主体理念演化出的教学方法，近几年出现在北京工业大学课堂上的主要有以下几种：

（1）研讨式教学方法。不少“通识平台”的校选课采用这种教学方法。我们把它叫做课程搭台，采用教师导演、学生唱戏的主动学习式教学方法。操作要点是：根据课程教学内容要求，教师与学生独立命题，或师生协商命题，学生单独或分组在课下准备，课上在教师的组织、引导下进行研讨，学生参与点评，教师总评。充分展现和锻炼学生的网络学习、材料组织、编写 PPT、语言表述、团队协作等能力。

（2）研究性教学方法。在国外也称“基于问题的学习”（PBL）、“探索性学习”或“问题驱动式学习”等，特点是教学与科研相结合。

教师变成学生学习的主导者、促进者和合作者，学生则变成发现者、研究者和探索着。操作要点是：教师根据课程大纲要求在科研、生活、社会实践中提炼出“问题”让学生自主选择，然后带着问题学，通过师生互动，课内外结合，在教师引导下，激发学生对问题进行思考、设计、分析与解决，最后以小论文结课。

（3）创新教学法。北京工业大学在“创新学分制”的推动下，在“创新课”、“创新实践课”、“创新课程设计”中采用创新教学法。课堂上着重进行的训练与培养内容如图 2 所示。

- 创新心理品质培养
  - 创新精神培养
  - 创新意识培养
  - 创新个性培养
- 创新思维训练
- 创新发明技术训练

图 2　创新教学法中训练与培养内容

创新教学法就是要激发学生的好奇心、冒险性、想象力、挑战力与批判精神，强调创新体验，加强发现问题、提出问题等能力的培养。把学生自己学习和创新的积极性调动起来，增强学生的自我意识——我是谁？我要干什么？我能干什么？并能不断地自我超越，养成求异求变的思维方式。

贯彻“主体”理念，切忌以教师为中心，课堂上独唱独白；满堂灌输，不管学生有无兴趣，能否听懂；不了解认知规律；不了解学生原有的认知基础和认知水平；有心启发却启而不发，课堂一片沉寂；以考试为中心，为考试直接端出结论，不讲知识的发现、发生、发展的过程，不讲大师们爱科学、学科学、献身科学的忘我奋斗的人文精神。

"主体"理念的核心是"一切为了学生的发展"和"全心全意为学生服务"。真正做到"心中有学生"。

(4)"3W1H"模式。人们往往把模式化的教学方法或讲授方式的相对固化称为教学模式。"3W1H"模式是一种讲授重点内容或概念的模式。也是一种对自学效果进行自我评判的学习模式。教师要讲清重要概念是什么?(what?)概念的外延(由定义到定理)往往需要证明,回答为什么?(Why?)然后要讲清所讨论的内容有什么用?(What use?)主要讲明白对就业,考研、学习后续课的作用;最后还要讲楚怎么用?(How to?)学生通过自学,如果也能清楚地的回答这四个问题,就可以Pass啦!其他的教学模式还很多,教师既可学习借鉴,更可在实践中创新。教师一定要有"六创"即"创新理念;创新思维;创新能力;创新方法;创新实践;创新成果。"的积极性。

4. 认真编写教案

教案不是讲稿,它是课堂演出的脚本,是师生互动的策划,是对教材的再创作,是"科学的再生产"和"文化的再创造"。它体现出教师思维逻辑的组成,孕育着教师内心创新萌动的渴望,包含教学设计的安排。回答:一堂课的教学目标、讲授知识点、教学理念与方法、手段的应用,时间分配,如何突出重点?如何突破难点?(比如化繁为简、化难为易、深入浅出、适度分散等)。写教案的过程是教学自悟过程,悟通时根据教案写出的讲稿才会思路清晰、内容系统、层次分明、逻辑性强。

(二)教学基本功、教学方法和教学艺术修养

这是需要通过教学实践来完成的修养。教师必须勇于承担教学任务,在战斗中成长。好的教师常常做"教学日志",作为教学反思和改进教学的依据。"日志"的内容大体包括:一堂课讲了哪些内容?怎样讲的?通过提问和答疑发现学生存在什么样的问题?与讲授方法的相关度如何?怎样改进……这样,一门课经过1~2轮教学,便可掌握教法与学生认知度的关系,教师即可掌握主动权和主导权。在教学实践中,除了不断地反思和评估教学效果外,苦练教学基本功、不断改进并完善教学方法,提高教学艺术的修养,才会加速教师的职业发展。

1. "六一"教学基本功

一般认为,教学基本功包括:说、读、写、演、绘。随着时代的变迁技术的进步,教学基本功也在扩展。比如多媒体技术、计算机辅助教学、Flash动画软件的应用等使教学手段变得更加丰富。为了与时俱进,我们提出了“六一”教学基本功：“一爽英姿，一口京腔，一笔好字，一幕视屏，一脑知识，一肚文章”。涉及教师的教态、着装；会说普通话；板书字漂亮、画美；多媒体运用恰当，视频丰富多彩；专业理论与实践知识丰富，且具有足够的人文历史、哲学与科学知识；懂文学通艺术谈吐文雅，语言幽默诙谐，出口成章。有了“六一”基本功的修养，走上讲台，就会有演员的魅力、诗人的激情、历史学家的深沉、哲学家的睿智以及文学家的高雅。岂能不受学生欢迎！

2. 讲方法重于授知识，重思维胜于重内容

研究表明：人类全部知识中90%是关于方法的知识，全部理论中90%是关于方法的理论。方法是解决思想、表达、行动等的门路和程序。方法得当，事半功倍；方法不对，事倍功半。因此，在教学过程中，教师要把知识作为方法的载体，寓方法于知识的传授中。离开了知识的方法空洞；而离开了方法的知识肤浅。

教师要传授的方法，重要的有：为达到“教为不教”这一教学目标的教学方法；为人处事的思维方法；发展学科知识的研究方法等。我们认为其核心是思维方法的传授，它比教学内容要重要得多。教学为开发学生的智力和能力，其核心就是思维，如图3所示：

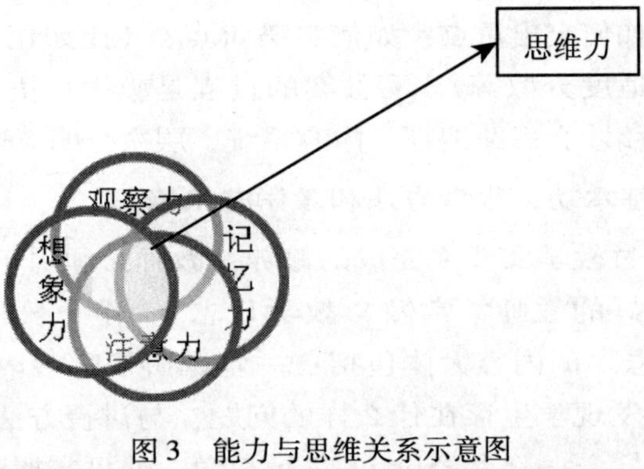

图3　能力与思维关系示意图

思维分形象思维、抽象思维和辩证思维，最主要的特性是收敛性和发散性，思维方法一般有分析、综合、比较、转换、抽象等。

一位著名的教育家在《高等数学》的绪论课上，用浅显的例子对学生进行转换的思维训练。已知矩形面积等于长乘宽，即 $S = a \times b$，用切割方式把菱形和三角形转换为矩形，从而得到菱形和三角形的面积。已知三角形面积求圆面积，把圆转换为三角形，办法是通过圆心作无数条直径，对圆的周长进行空间分割，无限分割使曲线变成直线，圆的弦和弧重合。圆的面积变成了无数个三角形面积之和，不但求得了圆的面积，而且引出了高等数学微积分的概念。这样的思维训练妙不可言！

学科研究方法，如物理学，一般采用两条路线；其一、观察→实验→定律→理论。其二、观察→假说→实验→理论。在理论研究中广泛采用演绎法、归纳法、统计法、模型法等，其中，以近代计算机为平台的虚拟法在多种学科中得到应用。不同的学科也有自己独特的研究方法，如热力学中的状态函数法、变量变换法、标准态法、微元法、偏离理想法等；化学动力学中的线性化法、弛豫法、稳态近似法、平衡假设法等。一门学科的具体内容有的学生一辈子也用不到，但研究方法许多具有共性，是完全可以借用的。同时学科的研究方法往往融于学科的原理中，对方法的深入阐释有利于学生对原理的掌握。

传授学习方法的实质是教学生怎样学习。包括学习态度、学习兴趣、学风和具体的学习方法的培养与传授。“书山有路勤为径，学海无涯苦作舟”，“学无止境，有志者事竟成”，学习是艰苦的劳动，只有不畏艰险勇于攀登的人才能到达成功的顶峰。人的一生必定会经历三种学习：向书本学习，学习前人或者人类累积的知识和经验；向实践学习，就是自己在干中学、学中干，总结自己的经验，发展前人的知识；向实践着的人们学习，“三人行必有我师焉”。学无定法，因人而异。但学习也是有律可循的，学始于模仿，要勤于练习，熟能生巧，巧则驱动创新，驱动知识的迁移，举一反三。学习的过程是一个记忆、理解、运用、发展的完整过程。学习方法也可以说是记忆的方法、理解的方法、应用的方法和发展知识的方法（创新技法）。古人云：“学而不思则罔，思而不学则殆。”学习方法也可以理解为思维运动的方法。对定义要搞清楚“是什么?”；对定理要搞清“为什么?”；对理论要搞明白其来龙去脉，要思考“有什么用？怎样用?”学习工程技术的人要向理论要发明，在学习中要勤于总结，把知识系统化、结构化。比如大学物理中的动力学系统结构如图 4 所示。

- 力的概念——力的瞬时效应（牛顿第二定律）
  - 力的时间积累效应 动量—冲量
    - 动量原理
    - 动量守恒定律
  - 力的空间积累效应 功—能
    - 动能定理
    - 功能原理
    - 机械能守恒定律

图 4　动力学系统结构

把所学的学科结构融入自己的知识结构中，就会使一个人的素质得到极大的提升。总之，教师学习方法论、教好方法论，是其教学修养的重头戏。

3. 重视教学艺术的修养

课堂教学是一种严肃的表演艺术，讲台如同舞台，教师通过语言、手势及身段，以整个身心去进行教学。教学艺术，首先是一种语言的艺术、讲演的艺术、说话的艺术。其次，教学是一种信息的传播活动，如何增大信息的传播量和受体的接收量，也是一门艺术。

（1）说话的艺术。说话语音要“磁”、好听、有吸引力。语速不快不慢，且要张弛有度，该快则快，该慢能慢下来，语调要有抑扬顿挫，切忌一吼到底，更不能自言自语，说给自己听。特别要掌握停顿的艺术：①驾驭课堂秩序的停顿。有的教师在发现学生说话，课堂纷乱时，讲授突然而止，用眼神扫视课堂，顿时鸦雀无声。②留思维空间的停顿。不少教师爱用自问自答、提问征答、提问抽答等形式在课堂上与学生互动，提出问题后，稍作停顿，给学生留下一点点思维空间，再征答、抽答，效果比较好。③关键、重点处停顿。有的教师讲到课程内容的关键处、重点处，停顿下来，让学生做好笔记，或加强理解、记忆。与说话艺术相悖的是说废话、打官腔、讲赘语，如“那么”、“嗯”、“啊”等，切不可成习惯！

（2）语言的艺术。为了避免说出来的话干瘪、枯燥、无味道，就必须讲究语言的艺术，授课者一定要有语言艺术的修养。这是一个综合素质的修养，所以有人认为一个好的大学教师既是一个专家，又是一个杂家，不无道理。

语言是思维的物质壳体，思维依赖语言而运行。引起学生在课堂上进行思维运动的最直接、最有效的手段就是教师的语言。

语言分有声和无声两类。口头语言是有声的，而肢体语言、面部表情语言则是无声的。课堂上教师的一颦一笑、一喜一怒，都透着教师的文化素养、知识水平、情操志趣，无不影响到学生的心理。所以有“身教重于言教”之说。但就课堂教学而言，重要的还是要掌握有声语言的艺术。

精练的语言有利于突出讲授的主题，使学生能很快地抓住要领、理解要义，而不被废话、空话所迷惑或干扰。为此，教师要锤炼自己的语言，要悟道所教授的知识，精练的语言是“锤炼”和“悟道”的结果。

生动形象的语言能引导学生的思维活动，开辟想象的空间。教师用语言描绘的形象是创新的工具，因为“入木三分”靠形象，概念活化靠形象，对比联系靠形象，突发奇想靠形象。

幽默诙谐的语言，妙趣横生，能活跃课堂氛围，使学生轻松愉快的进行学习。用幽默、诙谐的语言调侃成功与失败，尽显人们遇到困难时的乐观，遭受挫折时的坚毅，碰到无奈时的自嘲，使学生对人生充满信心。

（3）教法的艺术。要做到张扬个性，展现自己独特的教学风格。通过我校多年教学督导工作的积累，发现许多优秀教师炯异的教学风格。计有：

第一种，用激情感染学生。教师上课的激情源于对教学工作的忠诚，对学生的热爱和信任，对自己的燃烧与锤炼。教师把知识与道德情操、思想方法、价值观念等融于激情之中，对学生熏陶和感染，收到极佳的教学效果。

第二种，用逻辑征服学生。有的老师比较内向、缺乏激情，但是他们有自己的秘密武器——讲授逻辑。思维运动的形式是逻辑，因为所以、原因结果、分析综合、归纳演绎、偶然必然、个别一般、现象本质、实践理论、对立统一、肯定否定……教师运用形式逻辑、辩证逻辑阐述教学内容，引领学生的思维运动，可收到出神入化、游刃有余之效果，形成一种特殊的教学魅力。

第三种，用课堂设计去动员学生。教师采用讨论式、问题式、研究型、创新型等教法，充分调动学生学习的积极性，使学生干中学，学中干，增长才干，培养能力。

第四种，用设问、自问自答、提问征答等方法与学生互动，启发学生。“思维发展的动力是问题。”教师在课堂上，不断提出问题、分析问题、解决问题，调动学生积极思维。同时，不断鼓励学生回答，形成一问一答、有呼有应的热烈场面，活跃课堂气氛。教师的设问一定要符合学生的认知水平，要了解学生。否则，问题提了不少，却启而不发，学生可能呆若木鸡。启发，是要打开学生认知的大门，为此必须要找到认知大门的锁和开锁的方法。教师根据学生的认知矛盾，适时设问，进行恰到火候的启发，学生就可以用逻辑的武器去解决认知矛盾的问题。

第五种，用“它山之石”攻教法艺术之“玉”，赢取学生的普遍欢迎。课堂上，教师要善于察言观色，洞察学生的心灵，把握学生的思想脉络，随时从学生的眼神、面部表情中了解对课程内容的接受程度，及时调整讲课内容与表达方式。一般掌握“三多三少”原理：定量的多讲，定性的少讲；分析性内容多讲，叙述性内容少讲；重点难点内容多讲，非重点难点内容少讲。除此之外，民间说书人的技巧也是很值得借鉴的。他们“留悬念、卖关子、吊胃口、索兴趣”，有其独特的说书艺术。教师在教学内容的分配上下点儿功夫，使每堂课在重要的推导、证明前结束，曰：“要知结果如何，且听下节课分解。”补充曰：“请同学们自己回去想想。”讲到一些重要的结论前让学生猜猜结果会怎样。“你们觉得应该怎么办?” “你有什么问题?”等，此所谓卖关子、留悬念。运用恰当，学生会兴趣盎然，听了这堂课，还想听下一堂课。

第六种，用学习心得去启迪学生，赢得尊敬甚至崇拜。心得，大多是不成文的知识，有成功的积累，也有失败的教训，是教师的专利，也是教师对学生的真传。古人云：“听君一席话，胜读十年书”，“真传一句话，假传万卷书”。心得，有时能“一语道破天机”。在多年教学生涯中，本人聆听过许多教师的心得，作为一家之言，介绍只言片语，以咨共享。

教《高等数学》的老师告诉学生：

“微积分教给你在时间、空间中变化量的求取方法，而演算过程还要靠初等数学——三角、几何、代数……在学高数的过程中要不断温故。”

“作为工科学生，高数中有几个部分一定要学好。比如：复合函数的积分法；求极大极小值，因为工程上科学的东西都是极值原理；函数的级数展开，因为工程上常碰到的是近似计算；不定积分中的分部积分法；定积分中的微元法等。”

“微积分的灵魂是极限分析。”

“不定积分是求原函数；定积分是一个数值；傅里叶积分、卷积、相关积分等是含参变量的定积分，结果是参变量的函数。要达到其本质的认识。”

教工程技术的老师告诉学生：

“学工程技术要转变思维，教学1+1=2，工程技术上不追求统一的结果，答案不唯一。但要树立一个观点——符合国家规范。”

“通过工程技术的学生，要树立创新的自觉与自信。在改善民生中去发掘创新课题，锤炼创新的自觉；在创新体验中磨炼创新的自信。”

国家富强、民主振兴呼喊好教师；建设世界一流大学呼唤好教师；千万莘莘学子呼唤好教师。要成为一个好教师，成为一个具有“教学魅力”、受学生崇拜的好教师，必须潜心“修炼”，“台上一分钟，台下十年功”，一点儿也不假。搞好课堂教学，是学校永恒的主题，是一篇永远写不完的篇章，是一本永远写不完的书。但只要注重自身的修养，杜绝名利的诱惑，杜绝烦躁，一定会“有志者事竟成”！

参考资料

［1］　李振泉，等．关于“评课”的若干意见与建议．教育研究通讯，2011（3）：52－58

［2］　张德江，刘克平．自动化专业教学改革与团队建议．中国大学教学，2011（9）：78－80

主要作者：李宗泳，北京工业大学机械工程与应用电子技术学院副教授，校教学督导专家。

督导工作让我更加热爱青年教师

马颖生

在我国经济腾飞的大好形势下，教育事业也迎来了蓬勃发展时期。回顾过去，展望未来，我国教育事业的发展是由一代代教师们不间断的努力和耕耘开创出来的。教育事业的继续开拓、创新、发展需要千百万青年教师的敬业、奉献。路漫漫其修远兮，教育事业科学化、规范化、现代化的发展，需要督导老师们的助力和铺路。

青年教师是早晨八九点钟的太阳，他们是教育事业的明天，年轻没商量，年轻就是希望，年轻真好！老一代教师已无所求，只有青年教师的进步和发展才会有璀璨的明天。

十年督导一路走来，逐步使督导工作更加规范。使督导工作由“督”到“导”，到倾心手把手帮助青年教师成熟起来，他们中有的成为校青年骨干教师，有的成为学校名师。

我校青年教师的敬业与努力是有目共睹的。作为一名老教师惜才、爱才。只要他们有事业心、愿意付出，我们就会倾全力帮助他们成长。我校体育学院和外语学院是青年教师较为集中的团队。他们中有让我十分感动与欣慰的青年教师。体育部的于晓红、韩新君、李岩、高兵、李鑫、邓雪震；外语学院的张婉如、李丽华、王雪霏、文丽华、陈浩等，都是青年教师中的杰出代表。两个单位整体来讲，青年教师积极向上的心态、良性竞争意识以及无悔的付出，一个高一个，一个比一个。使两个单位的教学呈现新气象，堂堂规范，课课规范，人人规范。于晓红老师在教学中敬业、投入，对教材的无止境追求，使她的课堂成为学生最喜爱的课堂之一。只要进入她的课堂，学生就会获得身心愉悦。目前她已完成三本塑身修行书的出版。韩新君老师对自己有十分严格的要求，每天坚持体育锻炼，更突出的是科研上的努力，多次拿到市级、国家级课题，并能在教育中始终渗透着科研，深受学生喜爱。李岩老师通过申优提升自己，使自己更加成熟，并全身心地投入到多媒体课件的研发中，先后获得高校文科组课件大奖赛二次一等奖和最佳实现奖，成为教育部的带头人。高兵老师是一位对人生有规划的青年教师，何时做何事心中有数，有要求就有行动，有努力就有回报，无论是教学评优、科研、课题都有很好的成绩，小小年纪便顺利晋升副教授。李鑫老师是认定了的事情就会百分之百地投入的年轻人，走入他的课堂能看到他在教学方法上的努力，教学效果突出，同时在运动队训练、科研中都取得了不俗的成绩。邓雪震老师勤恳，在教学申优中不断探讨排球教学方法，特别是针对女生的教学方法，并自始至终贯彻到教学中，使同学们尤其是女生，能够在学习排球时克服娇气与惰性。此外，他在教学过程中充分调动学生参与积极性，达到体育课的提高身体素质、掌握技术的基本要求。在此期间，他还读了经管学院的研究生，付出了努力，收获了进步与提升。这样的事例在体育部中还有许多，由于他们的敬业，由于他们的努力并倾尽所有给他们与帮助。首先是课后的教学理念，教学方法的探讨，帮助他们提升、总结，找到个人特点，展现不一样的教学面貌。其次是心与心的交流，诚心诚意的帮助他们，不计较时间，青年教师有问题有要求随叫随到，帮助他们出主意、想办法，甚至关心他们的生活、成长，使我们拉近了老少之间的关系。在他们读研时对论文、课题、科研给予实质性的建设性意见，帮助他们在科研中提升能力。看到青年教师的成长变化，从内心感到十分欣慰，看到教育事业有了这么好的接班人，做为一位老教师，我感到宽慰和自豪。

外语学院的青年教师同样充满活力和良性竞争力，课堂上充满激情，与学生有良好的互动。每个青年教师都有不同特点，使枯燥的语言学习变得愉悦。张婉如老师永远以自己的真诚微笑面对学生，课堂教学中永远生动有趣。她的投入与敬业受到学生的喜爱，获得了学校名师的称号。李丽华老师永远对学生充满热情，做着细微的提高学生全面能力的努力。她亲切地关爱学生，让师生之间充满浓浓的感情，全方位关心学生成长，受到学生的爱戴。陈浩老师是一位格外努力的青年教师，在导师指导下，获得了北京市文科教学奖、学校评优一等奖及校青年骨干教师称号。这些青年教师工作量大，但他们富有激情与活力，在教学中不断进行教学研究与探讨，善于听取建议，使他们的教学质量得以保障。面对这么多的青年教师，我们只有欢喜。课后我们与青年教师进行无限延长的沟通，并提醒他们切忌浮躁，认真找到自己的教学特点，升华自己的教学理念，不断积累丰满自己，使自己更加成熟。他们的敬业、他们的竞争、他们对学生的关爱深深地感动着我们。这只是一小部分青年教师的表现，如上述情况的青年教师在各学院中还有很多，他们的涌出昭示我们工大能大踏步前进。

十年的督导工作历历在目，工大教师队伍中涌现一大批敬业，钻研业务，积极投身科研的青年教师，他们较好的实现接班，支撑起学院的教学与科研建设，也与我们督导专家起到了滴滴作用，这足以说明工大领导的决策正确，以老带新，以督促导，让我们的教育事业更加辉煌，实现“十二五”规划的新的高原目标。

作者：马颖生，北京工业大学体育部教授，校教学督导专家。

导学的点滴体会

赖三彦

教学督导是保证和提高教学质量的有效措施，教学质量是高等教学发展的核心，是高等教育的生命线，学校领导很重视教学督导工作，聘请了一批有教学经验、有一定水平的退休老教师来做这项工作。这些老教师凭着自己多年的教学经验，热爱忠诚教育事业的精神，认真负责地参加了这项工作，尽力完满完成教学督导的任务，做出了许多有益的贡献。我在退休后用近十年的时间参加了此项工作，有深深的体会和感触，在此仅谈点点滴滴。

1. 关爱学生，有机会时对学生加以引导

作为督导专家，既要检查课堂教学情况，也要重视、关心与爱护学生，利用与学生接近的机会帮助学生。一次听数学课，坐在后排的学生心不在焉，动来动去，随意翻书，课间休息时，我上前与之谈话，问他为什么不专心听课。他说由于开学一段时间以为中学已学过了，就没有认真听课，过几个星期之后，发现后面的课听不懂了，作业也不会做了。另一次听课，看见学生不认真听课，一直在翻后页书看，或许是认为老师讲课不好，不爱听。我感到这些刚从中学进入到大学的新生，在大一期间不习惯大学的学习方法，对“认真听好老师讲的每一节课”的意义不理解。不明白老师能帮助自己学好该课程，否则很容易跟不上课。

作为专家去听课，抽点儿时间耐心地给他们讲解“认真听课”的意义、作用以及大学的学习方法，学生是很乐意接受的，并回以“谢谢老师的帮助”。

一次去看体育老师的游泳课，我从小学会游泳，也游得很好，对游泳课感兴趣。当时，课上的学生多数从未学过游泳，刚刚学会换气，每次游很短的距离就要停下来。我对几位男生说：“你们吸一大口气，一口气就可以游完 20 米，中途不要起来。”命令开始，几个男生一口气就游完了 20 米，他们很兴奋地告诉我，他们完成了 20 米！我也很高兴说：“你们体力好，可以对自己提出一个目标要求，力争去完成它。”

2. 学生上课不爱记笔记

现在学生不爱记笔记，上课只看着老师在黑板上写。或者看电子课件，期末考试前把老师的课件“拷”下来就是了，或者把同学的笔记本（个别学生有）整本复印下来（不怕花钱贵）。其实这样很不好，有损于自己的学习与成长。上课老师讲的重要概念，重点公式的深入意义，只有自己通过记笔记，动手动脑，才能加深了对课堂内容的理解。有些学生甚至懒得动手写字，平日写点儿报告、总结文章都是用电脑，笔记本、作业本上错别字连篇，而且那个字体简直是惨不忍睹，完全不像一个大学生写的字。许多老师对这种现象也没办法，只能听之任之。但是，也有个别教师认真努力去改变这一现象，严格要求学生堂堂记笔记，并且有检查。我去听课很高兴看到这一幕，每个学生都在埋头记笔记，很难得的场面，应该对老师加以赞扬，希望他能坚持这样做（对课堂要不要求记笔记，可能是有争议的）。记笔记确实对学生有好处，青年教师得到老教师的表扬、肯定与支持后很高兴，表示要更加努力坚持去做，而我在听课中也得到了收益。

3. 组织好课堂师生互动

现在提倡课堂师生互动的教学方法，师生相互呼应，形成富有生气、气氛活跃的课堂氛围。上课教师能与学生互动，这对教学效果很有促进，使学生积极投入，注意力集中，深入思考问题，时刻准备回答教师的提问。参与互动能调动学生积极性，帮助教师及时掌握当堂学习情况，也能使学生有更大的收获。在一堂外语教学课上，老师重视教学互动，不断提出问题、互动效果很好，学生积极参与课堂氛围很活跃。

作者：赖三彦，北京工业大学机械工程与应用电子技术学院教授，校教学督导专家。

浅谈“概率论与数理统计”教学

高旅端

概率论与数理统计是一门数学基础课，涉及理工、经管等学科的各种专业的本科生，在大学二年级开设。该课程学习有关随机变量的知识以及相应问题的解决方法，在对学生知识、能力和素质的培养上发挥着重要的作用。下面就该课程的课堂教学谈一些看法和体会。

一、深厚的数学功底是上好课的基础和保障

1. 知识功底

课堂教学的基本要求是向学生传授正确无误的科学知识，对以严谨著称的数学教学尤为突出和重要。可以不夸张地说，教师在课堂上所说的每一句话和所写的每一个字都必须准确严格，而不应出现一点儿问题或错误。但要做到这点是很不容易的，要求教师首先要有深厚的知识功底。知识功底包括知识面和对知识的掌握理解程度。教师的知识面应尽量的宽泛，对知识的掌握要熟练、正确无误，并且理解知识的内涵和相互联系。这样，教师在课堂上才能从容自信地面对学生，下面对概率统计课的教学举一些例子。

例 1，在讨论多维随机变量时为什么以二维随机变量为代表？这可以解释如下：二维随机变量和一维随机变量相比较，其性质以及相应的研究方法有了质的变化；而多维随机变量和二维随机变量相比较，则其基本上没有质的变化，而主要是量的变化。因此只要深入研究二维随机变量，则有关的结论都可容易地推广到多维随机变量上。进一步还可作如下解释：这种现象在数学上并不少见，例如线性空间中点列的收敛问题，在 R 空间和 R^2 空间中有着非常本质的不同；以此为基础的一元函数和二元函数的极限也有着非常本质的不同，众所周知，求二元函数极限的难度远远大于求一元函数极限的难度。但对 R^2 和 R^3（以至 R^n）空间，二元函数和三元函数（以至 n 元函数），其间并无本质的不同，更多的是表现在量的变化上。又如数学中的线性问题和非线性问题的求解方法，

一般的线性问题（如线性代数方程组、线性规划等）在理论上都有圆满的解决方法，而非线性问题则很难做到这一点。在讨论非线性问题的解决方法时，常以二次问题作为代表。

例2，概率论中的收敛性问题是教学难点之一，出现在大数定律和中心极限定理的教学内容中。在教学中，首先应该强调随机变量序列的收敛和普通变量序列的收敛之间的重大区别，要突出随机变量序列收敛的特点。另外，还要对几乎处处收敛、依概率收敛、依分布收敛和均方收敛等常用收敛形式的定义、含义、应用以及相互关系作出详细的介绍和解释，同时使用图形进行几何描述，以便使学生能全面深刻地理解收敛性问题。

例3，统计推断中的两个正态总体有关统计量的独立性问题。设总体 $X\sim N$（u，σ_1^2），$Y\sim N$（u，σ_2^2）样本分别为 X_1，X_2，…，X_m 和 Y_1，Y_2，…，Y_n，并且两个样本相互独立。记样本均值分别为，$\overline{X}$，$\overline{Y}$，样本方差为 S_1^2，S_2^2。根据正态总体抽样分布的基本定理可知，$\overline{X}$ 与 S_1^2 相五独立，$\overline{Y}$ 与 S_2^2 相互独立。而根据两个样本相互独立可知，$\overline{X}$ 与 $\overline{Y}$、$\overline{X}$ 与 S_2^2、$\overline{Y}$ 与 S_1^2、S_1^2 与 S_2^2 之间是相互独立的。这样 $\overline{X}$，$\overline{Y}$，S_1^2，S_2^2 这4个统计量是两两相互独立的。但据此尚不能推出 $\overline{X}$，$\overline{Y}$，S_1^2，相互独立，这个结论需要用另外的方法证明。这就是概率论中常说的随机变量之间的相互独立与其两两相互独立的区别。

例4，几个细节问题。概率统计课教学中许多细微之处，稍不注意，可能导致不严谨甚至错误发生，下面举几个例子。①对多个随机事件之间的互不相容是指两两互不相容。②E（XY）$=$E（X）E（Y）的充分必要条件是 Cov（X，Y）$=0$，而不是 X 与 Y 相互独立。③多个独立同分布的随机变量的联号概率密度符合的使用应与每个随机变量的概率密度符号有所区别。④对 t_n 分布，当 $n=1$ 时的均值不存在。⑤对 X_n^2 分布，当 $n=1$，2 时的概率密度的图形是特殊样子的。

2. 研究功底

为提高教学质量，教师必须从事相关的科研工作，以不断地接受新思想和新知识，不断地提高自己的学术水平，这样，不仅能使学生的知识需求得到可靠保证，而且有利于培养学生的数学素质和创新能力。教师应有意识地在教学中把一些有趣的问题、可以进一步深入探讨的问题或者研究性问题介绍给学生，并进行适当的分析和点评，下面举两个例子。

例1，分布函数的定义问题。随机变量 X 的分布函数一般定义为 F

$(X) = P\{X \leqslant x\}$，由定义可以得到 $F(X)$ 具有单调不减性、右连续性和极限性质。深入研究可知，$F(X)$ 的上述 3 条性质是 $F(X)$ 为分布函数的充分必要条件，这样就可以从另一个角度来定义分布函数，即脱离开随机变量来定义分布函数。对二维随机变量 (X, Y) 也有类似的情况，但细节有所变化，除了上述 3 条性质外还要加上一条新的性质，进一步可以讨论上述作法推广到多维随机变量上去。

例 2，二维离散型随机变量和连续型随机变量的定义问题。二维离散型随机变量 (X, Y) 的定义可以叙述为其中的 X，Y 都是离散型随机变量。这种作法能否用于连续型情况？即对二维随机变量 (X, Y) 来说，若 X 与 Y 都是连续型随机变量，则称 (X, Y) 为二维连续型随机变量。这种定义对否？如果不对，能否举出一个反例？

二、强调理论的背景、意义和应用

概率论与数理统计是一门数学类的课程，特别是概率论，有着悠久的历史、坚实的理论基础、严谨的体系和众多的结论，充分体现了数学的特色；数理统计以概率论为理论基础，研究处理随机数据的各种方法，大量使用各种数学工具、方法和手段。这样，在该课程的教学中，一定要保持一般数学类课程教学的特色，如结构严谨、逻辑性强、注重公式的推导和定理的证明等。但是必须强调，应注重介绍理论的背景、意义和应用。

1. 关于公式的推导和定理的证明

处理这个问题的原则是：结论的推导或证明过程简单或比较简单的可在教学些中进行，结论的推导或证明过程复杂或困难的则在教学中省略，介于上述两者之间时则灵活处理。进行推导或证明时，要注意介绍有关的基本思想和基本方法；不进行推导或证明时，要对有关的结论尽量作出通俗易懂的解释。

2. 关于知识的背景和意义

教学中应注重知识的背景和意义的介绍，有利于学生从更高的层次和更宽的视野理解和掌握所学的知识。例如，在学习全概率公式和贝叶斯公式时，可对使用公式的问题背景及特点、由公式得到的后验概率的意义等做深入的分析，并使用有特色的实例辅以解释；在学习协方差和相关系数时，可对这两个概念的实际意义、它们之间的相互关系、相关系数的取值意义等作深入的分析，并通过实例加以说明；在学习参数的区间估计时，可对置信区间的概率意义、有关性质、在实用中的含义等做深入的分析；在学习假设检验时，可对假设检验的基本思想、两类错误的重要性及控制等做深入分析，并结合实际例子介绍有关两类错误的后果以及如何做检验。

特别需要指出的是，数理统计中统计推断（包括参数估计和假设经验）的结果与用其他数学方法产生的结论有明显的差别，具有不确定性，因此分析统计推断的结论有着自己的特色。例如假设检验中，有时会发生统计上的显著差异与现实重要性不一致的现象，即从理论上得出的存在显著差异的结果很难解释现实情况，理论结果与现实情况之间存着这明显的不一致。因此在解释假设检验的结果时，切不可单纯只是接受或拒绝原假设，还应进一步分析是在什么条件下接受原假设，或是在什么情况下拒绝原假设，有哪些因素起作用。这样，是否达到显著性并非是采取某种实际行动与否的唯一依据，还要结合其他方面的考虑才会更加符合实际。总而言之，统计推断方法是一种对实验数据进行分析的工具，其应用不能脱离对问题实际背景的考虑，否则难免导致与实际相背离的结果。

3. 关于实际应用

教学中可选择一些典型例子，用于介绍所学知识在解决实际问题中的应用，对提高学生解决问题的能力很有益处。概率论中典型的例子包括：古典概型的概率计算问题、全概率公式和贝叶斯公式的应用、期望和方差的计算与应用、社会问题中有关个人收入或个人不良习惯等隐私的调查、医学中有关药物的疗效问题、考试成绩的分析及录取的预测等。在数理统计中，更是有着许多的应用实例。

三、改进教学方法

教学方法是多种多样的。现在提倡参与式教学，开展师生互动，活跃课堂气氛，以提高学生的学习兴趣和积极性。然而，对该课程的教学，上述做法具有一定的难度，主要原因在于教学内容的难度较大，学生的基础和能力有限，难与教师互动。我们可以使用其他的教学手段，帮助提高学生学习的积极性。

1. 多举有趣的例子吸引学生的注意力

例如在古典概型的概率计算中，有很多有趣的实例：抽球问题、生日问题、开锁问题等。又如“抓阄问题”是日常生活中极常见的问题，其原理可以使用概率公式或全概率的乘法公式解释，这时，不妨先通过具体实例让学生参与讨论，发表看法，然后教师再从理论上证明或解释，效果会更好。正态分布是概率论中最重要的一种分布，有很多的性质和应用，并且联系着许多有趣的现象和故事，上述内容都可以用于教学中。数理统计中有趣的例子也不少，例如用参数估计的方法预测战争中敌方武器的产量、分布拟合实验中孟德尔豌豆实验的例子等。

2. 引入课外知识

在授课过程中，教师可适当介绍概率统计的发展历史和有关著名科学家的生平，例如德国数学家高斯、法国数学家泊松、英国数学家皮尔逊和费歇等，从扩展学生的知识面，增加对课程学习的兴趣。

3、课程教学中可适当地使用计算机课件，主要用于定义和定理的阐述、例题题目、重要图形的绘制等方面，能够节省时间、增大信息量、生动形象展现有关内容。但是，板书仍是至关重要的，在证明过程、推导过程和计算过程中发挥着重要的作用。课件和板书的恰当配合会显著提高教学效果。

作者：高旅端，北京工业大学应用数理学院教授，校教学督导专家。

创建国家级精品课程的体会

王大康　赵一夫

顾名思义，精品课程是高等学校课程中的精品，是高等学校教学质量工程要打造的一个重要项目。教育部在精品课程建设文件中强调要重点切实加强教师队伍建设，重视教学内容和课程体系的改革，注重使用先进的教学方法和手段，重视教材建设，理论教学与实践教学并重，建立切实有效的激励和评价机制，实现优质教学资源共享，提高高等学校教学质量和人才培养水平。精品课程建设的目的是根据当前科学技术的发展，调整并完善课程内容，明确教学目标，利用现代化教学设备更新教学手段和方法，针对教育对象设计教学方案，努力建立一种以学生为主体、教师为主导、以现代教育技术为工具、以培养学生适应能力和创新能力为目的的教育模式。

机械设计是一门机械和力学的交叉课程。当前，材料、能源和信息是现代社会和现代科学技术的三大支柱，学习并掌握机械设计的相关的基础知识，对于工科院校机械类专业和近机械类专业的学生是十分必要的。国内外高等工业院校已把机械设计课设置为一门十分重要的技术基础课程。通过对该课程的精品课程建设工作，在提高教学质量的同时，激发教师投身教学改革的积极性和主动性，建立具有特色的立体化教材，促使教学管理机制更趋于科学规范。精品课程建设是一项系统工程，主要包括六个方面的内容：师资队伍、教学内容、教学方法和手段、教材建设、实验手段和评价体系，涉及教师、学生、教材、教学技术手段、教育思想和教学管理制度等多方面。

1. 整合课程内容和结构体系是创建精品课程的核心

机械设计课程的教学内容十分丰富，概念与名词术语繁多，信息量大，实践性强，紧跟机械工程发展前沿。针对这种情况，我们将本课程教学内容划分为设计总论、连接件设计、传动件设计、轴系设计以及其他零件设计共五个模块，加强了课程教学内容的相关性和系统性，使学生能更好地学习、掌握和运用本课程知识。同时为加强实用性和适应性，我们还加大了机械设计理论和实践的教学力度，注重了对结构工艺知识的讲授。改变过去只注重设计理论而忽视设计实践以及只注重传统设计方法而忽视现代先进设计方法的讲授。通过上述做法，整合与优化了课程的教学内容和结构体系，使本课程教学能很好地达要专业培养目标要求。

2．重视实践性教学环节，设计精品实验是创造工程类精品课程的基础

充分发挥实践性教学环节的作用，使理论和实践相结合，加强对学生工程意识的培养。改革实验教学形式和内容，开设综合性、创新性和研究性实验项目，对学生进行实践技能训练，锻炼学生的动手能力，同时鼓励本科生参与科研活动。目前，机械设计课程已建设了设备完善的开放性机械设计实验室，拥有机械结构、机械传动、创新设计等较先进的实验设备。在此基础上我们开设了机械结构的组织及分析、机械创新设计等综合性实验；同时结合机械原理和机械设计课程，开设了创新性跨学科的综合性实验。学生通过综合性实验，可以自行设计实验方案，运用自己所掌握的基础知识，从不同学科角度多侧面地探讨同一问题，可以论证实验方案的合理性和创新性。另外，学生可以根据实验要求，自行构思、选择和设计实验方案，针对不同对象采取不同方法，学生通过实验结果分析得出综合性的结论，透过现象分析本质，增强了科学研究的思维能力和动手能力。极大地提高了学生自主学习的兴趣和能力，提高了实验的开放率，从而提高了课堂教学质量。同时，学校建有机械工程实验中心，有机加工、铸造和焊接设备，可以作为实践教学基地。

3．构建优良的教学网站是创建精品课程的重要措施

为配合课程教学，培养学生自主学习能力和创新学习能力，本课程同步积极开发网络教学资源，构建网上教学体系，创建开放式、资源丰富的教学网站，运用国内外机械设计方面的文字、图片、音频、视频、动画、软件等丰富的网络教学资源，搭建了优良的自学平台。

4．抓教材建设，改进教学理念与教法是创建精品课程的重要条件

机械设计教学除采用优秀教材外，还根据本课程特点，自编机械设计实验指导书及全套多媒体课件等教材，教学效果显著。同时通过各个教学环节贯彻“学生为主体、教师为指导、教学相长”的教学理念，摒弃满堂灌、填鸭式的教学方法，通过启发式、讨论式教学激励学生自主学习的热情和追求科学真理的兴趣，同时将新材料、新技术融入课堂教学，教学效果良好。

5．加强师资队伍建设是创建精品课程的保证

一支以主讲教师负责的、结构合理、人员稳定、教学水平高、教学效果好的教师梯队是创建精品课程的有力保证。建立这样一支教学队伍，第一要在精品课程建设过程中要有一位对机械设计有相当造诣，教育理念先进，教学效果良好，能总揽机械设计课程教学全局、指导机械设计教学发展的学科负责人或主讲教授。第二要形成一支满足教学需要，人员年龄结构、职称结构、学历结构合理的师资队伍，并要按一定比例配备辅导教师和实验教师。第三要解决好教学与科研、理论教学与实际应用、学科的独立性与相关科学的三个关系。构建一支走上讲台能上课，走下讲台能搞科研，能指导学生工程实践，教学水平高、教学效果好的教师队伍。

6. 加强课程的教学质量评价与监控是精品课程的方向标

为保证机械设计课程理论教学与实验教学的质量，我们在合理制订理论教学大纲和实验教学大纲的基础上，还分别制定了理论教学和实验教学各主要教学环节的质量标准。标准制订后的关键是要保证执行，执行中的关键是要信息反馈系统畅通，监控措施完善。教研室通过对每位教师的听课、评课和查教案、作业、试卷、实验报告等，及时掌握教学情况，解决教学中存在的问题。通过加强教学监控，确保了机械设计课程的教学质量，任课教师的教学效果得到了学生的一致好评。

综上所述，精品课程建设包括了教师、学生、教材、教学技术手段、教学制度等要素的建设。它们在精品课程建设过程中是一个整体，是缺一不可的。在考虑精品课程建设时，必须要有整体的、全局的观念和视野。如果只是将精品课程当做出版几本高质量的教材，而不同时考虑教师综合素质的提高，不同时更新教学内容，不考虑方法内容的改进和教学手段的改善，精品课程建设就收不到应有的效果。

主要作者：王大康，北京工业大学机械工程与应用电子技术学院教授，校教学督导专家。

论大学生创新能力的培养

王大康　高国华

21世纪，世界各国将面临日益激烈的科技与经济的竞争，而竞争的焦点是人才的竞争。《中华人民共和国高等教育法》第一章第五条规定"高等教育的任务是培养具有创新精神和实践能力的高级专门人才，发展科学技术文化，促进社会主义现代化建设。"江泽民同志在全国科技大会上明确指出："创新是民族进步的灵魂，是国家兴旺发达的不竭动力。一个没有创新的民族，难以屹立于世界民族之林。"因此，培养创新型人才将成为高等教育的核心，大学生创新能力的培养将成为高等学校的一个重要任务。

当前，国内外许多著名的高等学校着力于大学生创新能力的培养，将创新教育纳入学校的教学过程，有的学校开设了"机械创新设计"课程，出版了统编教材；有的学校注重学生的工程实践能力和创新设计能力，建立了创新设计基地，组织了创新设计竞赛。我们学校在许多课程中引入了创新设计的内容，建立了机械和机构创新设计实验室，开设了创新设计的思维与技法课程，并组织了机械创新设计与制作竞赛，推动了学校教育改革的发展。

但是总的看来，我国与发达国家比较，还存在很大差距。主要反映在高等教育中普遍重视理论知识的传授，忽视创新能力和工程实践能力的培养。随着高等教育改革的深入，如何培养大学生的创新能力问题，已引起教育界的极大重视。

一、大学生应掌握创新设计方法

在生产迅速发展、市场竞争激烈的形势下，企业要保持旺盛的生命力，依靠的是科技创新，即必须抓紧老产品的改进、新产品的开发，以争取更大的市场份额。因此，要求高等学校培养出的大学生应该掌握创新设计方法。所谓创新设计方法就是根据人们在生产和生活中的需要，不断提出新方案、探求新解法。它是提高设计质量、开发创新产品的重要基础。除此之外，创新的生产组织和管理，创新的营销方式也是企业满足市场需求、提高竞争能力的有力保证。因此，各高校应训练和培养学生的创新设计思维、掌握创新设计方法，提高学生的综合素质以符合国家对人才培养的要求。

创新并不神秘，人人都具有创造力，关键在于破除迷信、解放思想、克服心理定势。众所周知，心理定势阻碍创新，从而影响企业的发展。因此，企业要发展必须破除心理定势，即破除一些不必要的旧传统。心理定势除了影响企业发展外，还影响产品创新、技术改造、工作改进等。总之，它极大地影响着人们创造力的发挥。

人的创新能力可以通过训练、培养而提高。根据心理学家的统计分析，随着人的年龄增长，记忆力会不断降低，而知识积累和经验会增加，使得创造力有所强加。事实证明，除少数天才外，人在创造性思维和能力方面无太大区别，只是由于训练不同而产生差异。

需求是创新设计的源泉。随着生产的发展和人民生活水平的提高，需要设计出更多的新产品来满足人们不断增长的精神与物质需求。例如：家庭用的加湿器、食品制作机、烘干机；旅行用的伞帽、手提式电风扇；农村用的洗衣机，它不但能洗衣服，还能洗土豆、白薯等。由于需求是无止境的，所以设创新计也是无止境的。需要是创新的源泉，矛盾是促进创新的动力，分析矛盾是创新的出发点。

二、培养大学生创新能力的探讨

在教学改革中，人们认识到培养学生创新设计能力是人才素质教育的重要内容。但是，如何培养大学生的创新设计能力，这是需要我们认真探讨的课题。下面介绍我们在实施创新教育中的一些设想及实践。

1. 改革设计系列课程，增加创新设计内容

围绕培养学生创新能力这一教学目标，我们对机械设计系列课程进行了改革，在课程设置、课程内容、课程设计、作业课程实验以及课程考试等环节中，明确并强化培养创新思维、方法与能力的措施。在教学思想和教学方法上，从以传授知识为主转变为以培养学生创新设计能力为主。在机械原理课程中，将以机构分析为主为改为以机构设计为主，围绕机电一体化的发展方向，突出机械系统的运动设计和机构综合，以培养学生的机构构思设计和创新设计能力。在机械设计课程中，将传统的“三段式”设计方法改为以系统化设计、价值设计、优化设计为主的现代设计方法，突出机械结构的创新。在实践环节上，课程实验的内容上由“单一型”的演示和验证性实验向“综合型”、“设计型”实验转变。在课程设计中，强化计算机辅助设计，使我校学生的计算机应用能力得到很大提高。在课程作业中，增加综合性设计作业，培养学生的创新思维和技能。

2. 开设“创新设计的思维与技法”课程

“创新设计的思维与技法”课程是面对全校开设的选修课，它不分专业，不分年级，对学生进行较为系统的创新设计教育。通过对创新思维的类型、特点和思维过程的阐述，以及对如何克服思维中的障碍及定势的介绍，用以调动学生的创造力，正确地进行思维分析，开拓学生的创新视野，培养其创新意识。在此基础上介绍了发明创造的过程和常用的创新设计技术和方法，并联系实例加以分析和引导，提高学生的创新设计能力。

在学习的过程中，学生需运用学到的创新技法，完成实现其功能的设计作业。要求学生根据拟定的设计要求，自行设计出具有独特创意的作品。教师根据学生完成设计作业的内容和质量来确定学生的学习成绩。

3. 建立创新设计实验室

为了开展创新设计活动，必须提供创新教学和实践的场所和实验室。该实验室应包括以下三部分：

（1）创新设计陈列部分：陈列反映机械发展史和创新机械产品的图文资料、典型机器及其机构、新颖机构、机电产品设计的结构、功能原理、运动分析等。用以培养学生创造性构思以及对原理方案和机械结构的创造性设计能力。

（2）创新设计实践部分：配备一定数量的计算机和输入、输出设备，机械 CAD 支撑软件和应用软件等，使学生能运用现代化的设计方法和手段，进行创新设计实践。

（3）制作和测试实践部分：配备简单制作设备、“优来美”组合式加工机床、测试仪器和实验平台等，要求学生对自己创新设计的产品进行创意设计、工艺编程、加工制作和性能测试与评价，以培养学生的工程实践能力。

4. 开展机械创新设计竞赛

为了激发学生的创造力，检验学生的创新能力，学校组织学生参加各种竞赛活动。其中包括：全国和北京市机械创新设计大赛、“开目杯”机械设计竞赛、机械创意制作竞赛和机器人设计竞赛等。竞赛由学生自由报名、自选课题、自由组队参加。在拟定出原理方案和可行性报告后，由机械设计及理论学科部选出思想新颖、方案可行、结构合理的设计方案。然后进入模型制作阶段，并指派教师进行指导，最后由专家根据理论设计和制作成果，经过学生演示、答辩，评选出获奖设计作品。通过一系列竞赛，使学生的创新设计能力和工程实践能力得到了提高。

5. 开设第二课堂

为了将学生中蕴藏的创新设计热情持续保持下去，我们将创新活动从课内向课外延伸，学校积极支持开设第二课堂，开展科技创新活动。学生利用课外时间，根据自己的爱好和特长选择课题，可以按给定题目进行产品设计、实验项目设计、承担教师部分科学研究或教学研究项目；也可以协助教师在计算机上开发一些 CAI 软件和 CAD 软件。学生能够从中获得许多创新设计的感性认识和理性认识，学到许多课本上没有的东西，并可以综合运用已学过的知识，解决实际问题。

通过几年来的创新设计教学和实践活动，使我们体会到培养大学生的创新能力是面向 21 世纪人才培养的重要内容，同时在实践中也取得了一些成果，积累了一定的经验。但这只是处于起步阶段，还有大量的工作要做。希望能通过我们的初步尝试，对面向 21 世纪创新人才的培养尽一些微薄之力。

主要作者：王大康，北京工业大学机械工程与应用电子技术学院教授，校教学督导专家。

改革教学实验，加强能力培养

王大康 李 杨

教学实验的主要目的是培养学生通过实际观察、分析获取知识的能力；从事科学实验和生产实践的动手能力；独立思考和创新的能力；巩固对所学课程的理解等，总之是培养学生理论联系实际的能力。因此，教学实验是教学过程中的一个重要环节。

过去有的实验仪器或设备由于实验台数少，故分组人数多，实验装置只能事先由老师调整好，上实验课时，由老师对学生进行详细讲解，然后按规定的实验步骤测量并记录数据。由于受设备和学时的限制，往往是－部分学生动手，一部分学生观看、作记录，得不到应有的实际动手能力的培养。

机械原理及机械设计课程是理论性和实践性都很强的技术基础课程，要求学生具有一定的实践能力。教学内容要理论联系实际，注意符合人的认识规律，即从感性认识到理性认识。然而，现在我们的学生大都是出了中学校门就进大学校门，缺乏起码的生产实践知识，动手能力很差，对一些实际机构、甚至简单的机械结构也没有概念，很不适应技术基础课程和专业课教学的要求。为此，我们在机械原理和机械设计实验室及教学实验改革中，作了一些工作。

1. 建立模型陈列室，培养学生观察、分析能力

为给学生提供感性认知、观察实际的现场条件，我们从现代系统化设计的观点出发，将原来的单一陈列的零件及模型系统归类，将单个零件组合起来，让静止的机构动起来，并引入新型机构。如机械原理陈列室，采用活动模型柜陈列出连杆机构、凸轮机构、间歇运动机构、齿轮机构等常用机构。并可播放录音，使机构的运动与解说同步，达到声形并茂的效果。机械设计陈列室有连接件、传动件、轴系及其他常用零件等几大部分。其中，既有单个零件又有组合部件。它可使学生既看清单个零件的结构又有实际组合部件的概念。这样的模型陈列室可以作为课堂教学的补充和教学实验的准备，为现场教学提供了条件。陈列室可由教师组织学生系统参观、进行演示，课后现场答疑，平时也对学生开放。

学生反映“这样既看得见、摸得着，又想得到。”从而加深了对课堂教学内容的理解。有些疑难问题，对照实物一讲就迎刃而解了。学生通过现场观察、比较、思考、归纳，对各种机构和零部件的类型、结构、工作原理、失效形式等，留下形象、生动、具体化的印象，促进了学生思维分析能力的提高。

2. 开设机构分析与拆装实验，培养学生分析与结构设计能力

培养学生分析与结构设计能力是机械原理和机械设计课程的重要内容。过去只是在课堂教学和课程设计中加以强调，缺乏实际操作的环节。为此，我们开设了机构分析实验、结构分析与拆装实验，将工业生产中一些实际的机器和机构引入教学。我们利用实验室旧有的设备，如：制钉机、小型牛头刨床和多功能机床等设备，组织学生按部件分组拆装，分析机构的结构特性、运动特性，利用课堂讲授的典型机械零件设计方法进行计算及绘图，既培养了学生结构设计能力、分析能力，又提高了学生的学习兴趣、学习的积极性。近年来我们除了保持实践性、动手性较强的“减速器分析与拆装实验”，还开设了“自行车变速轴的拆装与分析”、“三保险门锁的防盗性能改进设计”、“高压真空开关机构设计”和“眼科手术刀的拆装分析设计”等。在提高学生工程素质，培养结构设计能力和动手能力方面做出了有益的探索。

3. 将计算机技术引人教学实验，培养学生运用现代技术开展科学实验的能力

如何将计算机技术应用到实验中，已成为培养学生动手能力的重要组成部分。这不仅可使学生在计算机应用方面达到学校提出的“培养计算机应用能力不断线”的要求，同时也是实验技术现代化的重要手段。如齿轮范成实验，利用计算机模拟范成法加工标准齿轮和变位齿轮的过程，在屏幕上显示出三种齿形的彩色动画画面。又如变位齿轮参数测量，在计算机屏幕上显示出准确测量方法、变位齿轮和标准齿轮的对比以及显示出测量计算结果。另外，对滑动轴承、螺栓连接等实验采用计算机辅助实验的方法，通过计算机将所采集到的数据进行处理绘出实验曲线并打印出结果。特别是螺栓连接实验，采用人机对话改变输入参数就能观察到螺栓受力变化的情况，并有机地把机械、电测和计算机结合起来，使古老的机械学与现代技术融为一体。已开设的多个计算机模拟实验均受到学生的欢迎，提高了学生运用现代化的实验手段进行科学实验的积极性。

4. 体会

通过多年来的实践，我们有以下体会：

（1）提高了对实验改革迫切性的认识。实验改革应与科学技术发展及教学内容改革相适应、相一致，应不间断地进行。现代科学技术的进步与发展迫切要求对原有的实验设备和教学实验内容进行更新换代。教学实验是培养学生理论联系实际，建立对实际机器、机构的感性认识，加强对学生分析问题和解决问题能力的培养的重要教学环节。科学实践还是检验真理和发展真理的标准的手段，改革实践教学的进程。

（2）改革实验内容、扩充实验数量、引进先进实验技术，实验才有新的生命力。为了将课堂教学与教学实验密切结合，让学生对制钉机、高压真空开关机构等进行现场拆装、分析及设计。这样既扩充了教学实验内容，启发了学生的学习兴趣，又提高了学生分析问题的能力，使实验显得更有生气。

（3）自己动手进行实验仪器、设备改造，加速实验教学改革的进程。由于经费有限，不能大量购进新实验台及新仪器。我们根据实验需要自己设计、改装、修复机械原理及机械设计模型陈列柜，使之达到较为满意的现场教学效果。我们还利用有限的资金把不能用的两台带传动实验台和两台滑动轴承实验台修整一新，满足了实验的需要。自己动手改装螺栓试验台，从而使现有的设备发挥它的作用。也曾经发动学科部全体教师参加实验室建设，自己动手画挂图，设计模型，调试实验台，尽量做到大家关心实验改革，少花钱多办事。我们用较少的钱买进自行车加快轴，开设了“自行车变速装置运动分析”及“自行车变速装置结构分析及拆装”两个实验，这些实验很受学生的欢迎，提高了学生分析及解决实际问题能力。

实验教学是培养创新型实用人才不可或缺的教学环节，督导实验教学的改革，是专家组常抓不懈的任务，也是教学质量工程建设的重要方面。

主要作者：王大康，北京工业大学机械工程与应用电子技术学院教授，校教学督导专家。

本科教学考试中的问题与思考

陈　巍　赵曙东　李振泉

在经历了办学规模扩张之后，我国高等教育的发展已从外延转向内涵，提高教育教学质量正成为高校的核心任务。

考试是教学过程及管理的重要环节，是提高教学质量的重要手段。在《国家中长期教育改革和发展规划纲要（2010—2020 年）》中明确提出要推进考试招生制度改革。在《教育部关于全面提高高等教育质量的若干意见》中，又进一步阐述要改革考试方法，注重学习过程考查和学生能力评价。因此，如何借助考试的各项功能来促进教育质量的提高，显得越来越重要，考试改革已势在必行。

俗话说："教师怎么考，学生就怎么学。"考试一方面可促进教师改革教学方法、教学内容，另一方面可促进学生转变学习方法、学习态度。科学合理的考试能对"教"和"学"起到调节、促进作用，不断引导双方朝着"教"和"学"质量共同提高的目标前进。

一、目前存在的问题

1. 考试和学习效果评价理念滞后

考试的制度与方法是实现其功能的前提条件，考试制度与方法先进，可充分发挥其导向功能，促进学生的学习，进而保障教学质量的提高和教学目标的实现。

考试制度与方法涉及考试目的、评分标准、试题编制、考场纪律、阅卷评分、分析反馈等多个环节，受到教师的考试评价理念的制约。

然而，目前不少教师受到只重视知识传授理念的束缚，全然不知或不顾他们的所想、所做与现实需求之间存在的巨大差距。有的教师虽然认识到发展学生的创新、实践能力是教育质量的核心，但不知怎样对能力进行考核，考试方法仍沿用老一套——只考核理论知识的闭卷笔试方法。这样的考试，培养出了不少眼高手低、高分低能，只会死记硬背现成知识，不会分析问题、解决问题的学生，培养不出会创新、能实践的拔尖人才。

特别是某些考试标准或要求不明确的专业课或选修课，教师命题存在随意性或不规范性，相同课程由不同任课教师出的试题难度差别很大，加之评分标准不统一，导致学生为了不挂科或者使加权平均分增加，以获得奖学金、评优等机会，而选择易给高分的教师或课程。

2. 考试导向偏离了教育目标

教学目标不同，考试的内容和形式也随之不同。高校内部考试的总体目标应指向教育目标，具体某门课程的考试要与课程的教学目标一致，要根据学科特点、课程性质来安排考核要点、实施频度、评分标准，每一次考试则要根据每一阶段的学习内容来构建。

而目前的高校的考试，无论是考试内容、实施方式，还是评分标准、结果运用，都没有摆脱“应试”教育的禁锢。教师“为考试而教”，学生“为分数而学”，致使学生片面、畸形发展，最终培养的结果偏离了教育目标，常见的问题有：

（1）考试未能贯穿教学过程。平时考核少，期末一次定成败，课程成绩构成比例不合理，对学生平时学习重视不够，不能及时反映教学和学习过程的实际状况，不能激发学生的学习兴趣和热情。

（2）考试方式单一，考试内容片面。笔试多，口试少；闭卷多，开卷少；只重视对解题技巧、运算与推导等能力的考核，不重视对思维、创新和实践能力的考核。以知识论能力，致使学生的学习内容局限于教材或笔记，学习缺乏自主性和创造性，学习过程功利化。

（3）考试题型单调、固定。选择题过多，主观题太少，所考核的是孤立、片段的知识，而不是完整的知识结构。鼓励的是对事实或概念的记忆、简单的再现，而不是依据所学知识提出问题、解决问题、表达观点、做出决策的能力，更不是以形象的、富有想象力的方式展示对所学知识的理解。

（4）评分标准不科学。未能体现对独立思考和创意的高度重视，分数高低不能真实、全面地反映学生的实际能力，按“分数”或“等级”对学生个体的学习能力进行简单推论或判断，挫伤了学生的自信心。

（5）评价尺度单一。用统一的尺度评价能力不同的学生，忽略了应试者的个体禀赋和兴趣爱好，不能反映学生对教学的不同需求，失去了评价的客观公正，难以促进个性化、多样化人才的培养。

总之，考试导向偏离了全面提高学生综合素质的教育教学目标。

3. 忽视对结果的分析和反馈

人才培养包括制定目标、培养过程和评价反馈等三个基本环节，其中，评价反馈是基于培养目标对培养过程的实际效果进行的检查评定，它是人才培养的最后一个环节，对人才培养具有导向作用，考试能否成为高质量教学的助推器和学生学习的加速器，取决于其分析、反馈功能的发挥情况。

目前大多数教师未能通过考试分析学生当前学习状况与教学目标的差距，不重视对改进教学方法、提高教学效果、实现教学目标的深入分析，缺少了对学生学习非常有帮助的、有针对性的试卷讲评，如：不同学生思维加工过程比较、探究中可能遇到的障碍、实际操作中的弱点难点、团队合作中的参与意识、合作精神和自我约束等。

考试结束后，反馈往往只是对对答案，学生得不到及时、有效的信息，无法解决当前学习上的困难，更无法提高学习能力和效率。特别是许多课程只有期末一次性终结考试，缺少对平时学习态度和学习效果的评价，从根本上排除了反馈。导致学生将分数和排名作为仅有的追逐对象，考试结果代替了教学目标，没有发挥考试对学习的促进作用。

二、考试改革的思考

1. 将考试融入教学过程

全面质量控制（TQC）的思想启示我们，质量形成于产品生产的全过程，必须使影响产品质量的全部因素在产品实现的全过程中始终处于受控状态，必须采用“过程控制”的手段，才能保证产品的质量。结果来自过程，没有好的过程就没有好的结果。结果一旦产生，便无法控制，也无法提高，而过程是可以控制的。

从广义来说，教学考试本身就是一种质量监控，是学校和教师对教学过程的各个阶段、各个环节的及时诊断。而目前各高校大都非常重视对期末考试、大学英语分级考试、毕业论文结果的监控，且大多数高校只有一锤定音的期末考试，很少安排平时测验、月考或期中考试，缺乏对教学质量的全过程监控和督导。

为了提高教学质量，应将考试督导从期末考试转向整个教学过程，使考试融入教学过程之中。建立学校—学院—教研室三级考试质量督导体系，各层次督导侧重不同内容，如：学校负责全校课程考试质量评价和检查，重在与教育和教学目标的一致；学院负责本院所开课程考试质量监控，重在组织与执行；教研室负责考教分离的命题及评价质量监控，重在内容、方式和效果。

通过制度性保障机制，不但督导考试的具体实施方式，而且将教师的课程开发、教学实践纳入督导范围。不仅要关注考试本身，还要关注教师在教学过程中所进行的考试是否目标明确、方法恰当、合理有效。不仅要监控期末考试，更要监控平时测验、实践技能测试等。

因此，通过考试督导，引导教师在日常教学过程中把握考核时机和重点，因材施考。选择与教学的实际进程相匹配的考试内容和灵活多样的考试方式，把过程性评价与结果性评价结合起来，把能力考核与知识考核结合起来。倡导对学生的评价时机阶段化、评价多元化、方式多样化。强化技能性、过程性、形成性评价，弱化理论性、终结性、一次性评价。

2. 引导和鼓励教师进行考试改革

教师是考试改革的主体和承担者，教师其能转变理念、勇于探索、大胆实践、善于总结，对于保障考试功能、发挥考试的导向作用非常关键。

评价是教师专业实践的组成之一。教师只有树立了正确的考试理念、拥有完整的评价知识、具备一定的评价技能，才能设计出科学考查学生能力的题目；才能知道何种形式的评价在何种条件下，能引导和促进学生的学习，进而提高教学质量；才能对结果做出有效分析、评出优劣、发现学生学习上和自己教学上的问题，进而向学生提供及时反馈，同时对教学进行适当调整。

为此，要把如何考核学生学习效果列入教师培训内容，鼓励教师积极进行考试改革，使教师知道小测验、批改作业、课堂提问和观察等考试形式不是凌驾于教学之上的孤立活动，而是教学活动的有机组成部分，要把握考试、教学和学习三者之间的互动关系；使教师知道不同考试形式及题型与教学目标的匹配性，使考试与教学目标和学习目标保持一致；使教师掌握试题编制技能和结果分析反馈技能等，合理评价学生的知识水平、思维能力、探究能力、操作技能、参与意识、合作精神和表达能力。

近年来，我校教师在考试改革方面已有可喜的进展，如：关于工科专业课考试改革，薛素铎老师分别从考试内容、考试方式和考试评价提出了看法，并且实际运用于“大跨度空间结构”课的考试改革，取得了一举多得的实效；关于考试方式的改革，白晓东老师提出了“A4 式”考试方式，并连续四年应用于“普通物理”教学中，在一定程度上弥补了传统闭卷考试的不足；关于创新性、研究性教学模式的探索与实践，余跃庆老师从开放式选题开始，将课程总评成绩分解到“机械原理课设”的教学过程中，在评价过程中体现了学生的主体性和教师的包容性，与机械设计创新设计大赛相结合，取得了可喜成绩，深受学生欢迎。

因此，应该紧随时代发展，将现代教育观、人才观融入考试评价之中，树立考试评价是师生在教与学过程中必需的互动方式的理念，把改进教学方法、调动学生主动性，挖掘学生的潜能，帮助学生树立自信心，增强自我反省能力，形成良好学习习惯，融入日常考试评价之中。

在《国家中长期教育改革和发展规划纲要（2010－2020 年）》中提出的教育目标是："坚持能力为重，优化知识结构，丰富社会实践，强化能力培养。着力提高学生的学习能力、实践能力、创新能力……"

在《教育部关于全面提高高等教育质量的若干意见》中又进一步提出："建立健全符合国情的人才培养质量标准体系，落实文化知识学习和思想品德修养、创新思维和社会实践、全面发展和个性发展紧密结合的人才培养要求。"

上述文件精神为考试改革指明了方向。

3. 建立科学的学习效果评价体系

在《国家中长期教育改革和发展规划纲要（2010—2020 年）解读》中谈到："教育质量评价制度改革包含四个方面：一是建立科学多样的评价标准；二是扩大质量评价参与度；三是开展综合素质评价；四是发挥评价促进学生发展的功能。"因此，在考试目标明确的条件下制定考试质量标准，建立科学评价体系，对于规范考试过程、改善考试实践、保障考试质量、发挥考试功能十分重要。

科学完整的考试评价体系包括：考试目的、内容、方式和评分等要素。要在尊重教育教学规律的基础上，以培养学生的综合素质、创新精神和实践能力为指向，以知识、能力、素质协调发展为目标，根据不同学科和专业特点，不同类型课程教学目标，分别建立适合自身课程的考试评价体系。

要改变过分重视理论知识、轻视实践能力的现状，科学确定理论考试与实践考试的比例关系。明确实践环节各种技能，客观科学地评价学生的实践能力。此外，注意评价标准的差异性，运用个性化评价，使学生的各种特长得到认同与展示，个性、兴趣、创新意识得到充分体现和发展。

要改变单一的考试评价方式。根据学生特点，创造性地采取课程论文、案例分析、项目设计训练、口试、答辩等多种适宜方式。引导学生不仅关注教材和课堂，而且善于利用现代信息技术，在更广阔的时空中探索知识、训练能力。不仅掌握基本知识，而且善于提出问题、分析问题和解决问题。

要合理安排课程考试总评成绩构成比例，强调学生的学习过程考核。改变一次考试定成绩的弊端，适当增加平时考核次数，增加平时学习压力，引导学生积极参与平时“教和学的互动”，及时消化吸收所学知识，激发学生持久学习的积极性，避免考前突击、死记硬背、猜题、作弊等。

4. 注重考试结果的分析和反馈

只有完成了考试结果的分析和反馈，考试的整个流程才算完结，考试的预测、诊断、激励和导向功能才能完全发挥。

对结果的分析是反馈的前提条件，结果分析主要包括：成绩统计分析，教师的教学方法、手段、内容与学生对课程的理解、掌握情况相关分析，学生答题中反映出“教”与“学”方面存在的主要问题分析。

教师应该通过对考试结果的深入分析，了解教学过程中存在的问题和有待改进之处，将考试结果当做调整课程教学的依据。诊断学生的长处、弱点和需求，通过恰当地运用反馈，及时解决学生在学习过程中遇到的困难，激发学生的学习潜力，促进学生的发展。

总之，提高教学质量是永恒的话题，质量的变化来源于教师，最大的影响是学生。目前的考试改革还处于个别教师的个案尝试阶段，如何通过考试过程督导和教师评价素养的提高，充分发挥教学考试的各项功能，尚有许多工作可做。

参考文献

[1]　王少非. 校内考试监控研究 [M]. 上海：华东师范大学出版社，2009

[2]　梁建东. 高校考试的异化与考试改革的再思考—基于过程管理的理念 [J]. 当代教育论坛，2011 (8)：62 - 63

[3]　薛素铎，兰劲华. 工科专业课考试改革与学生工程实践和创新能力培养 [J]. 中国高教研究，2010 (06)：80 - 81

[4]　白晓东，郝伟，周洪直. 浅谈考试方式的改革 [J]. 北京高等教育，2006 (3)：51 - 52

[5]　赵洪. 改革考试方式提高教学水平 [J]. 化工高等教育，2003 (75)：78 - 79

主要作者：陈巍，北京工业大学教务处，工程师。

感谢引领我教学生涯的督导专家

杨晓霞

2006年我硕士研究生毕业，来实验学院应聘，通过选拔试讲，最后我比较幸运地加入了实验学院数学教研室这个集体。当时具有硕士学位的应聘人有四五个，但名额只有一个，而最后我应聘成功了，所以我是幸运的。于是，我就下定决心，一定要好好珍惜这个机会，绝不辜负学院领导和老师们的信任和期望，一定要刻苦努力，好好工作，争取做一名合格的教师。根据北京工业大学的规定，每一位新教师都要接受为期一年的助课培训。安排校督导专家组梁在中教授做我的指导老师。给梁教授当助教开启了我的教学生涯。我当时的工作是给电信和土木三个班级的高等数学批改作业，辅导答疑，上习题课。我很认真地听梁老师讲课，做了详细的笔记，并把书后的每一道题都做了一遍。在这一年当中，我认真地上好每一堂习题课，根据梁老师讲课的重点，安排复习要点和选好每一道例题，让学生在基本概念的巩固和命题技法上都有新收获。为了博取众长，除了听梁老师讲课之外，我还抽时间听了外聘的田鑫老师讲的“高等数学”、胡振淑老师讲的“线性代数”，吸取每一位老师的讲课经验。一年下来，我没有错过一次听课的机会，每一次听完课以后，我都认真地回顾每一位老师是如何突出每一堂的重点，如何分散难点的。

“高等数学”是大学一年级学生比较难掌握的一门基础理论课。在我助课这一年中，为了让学生更好地掌握高等数学的基本知识，根据实验学院学生的实际情况，梁老师经常找我和吕林正老师一起讨论、研究每一章内容的重点、难点和学生可能难以接受和理解的某些内容。根据讨论的结果，由梁老师执笔把过去的电子课件进行适当的调整、修改，调整修改后的课件再由我输入到电脑中。通过参加与梁老师、吕老师一起的教学研讨活动和一些看来似乎是事务性的工作，都对我后来上课有很大的帮助。

通过一年的助课，我掌握了本课程的教学重点、难点、学科体系。通过与学生一起听课及课后为学生答疑辅导，我了解学生理解上的难点。我认为学校为青年教师指派指导教师和实行助课制度一方面能使新教师很快地成长，少走一些弯路，另一方面也是为学生负责。最重要的是我看到了梁老师身上的那种工作热情和工作责任感。记得2007年夏天，由于当时综合楼还没有完全竣工，教室当中没有风扇和空调，每个教室的窗户也很小，再加上一百多名学生上课，教室的环境可想而知，另外数学课堂需要写的板书比较多，老师的课堂活动量比较大，每一次上完课梁老师衣服都湿透了，还笑着给有问题的学生解答疑惑。老专家的言行身教，令我终身难忘。

在完成了一学年的助课培训之后，我开始走上讲台讲课，为一个35人的小班讲授“高等数学”。每一次上课前，我都认真地备好课，把自己的讲课思路跟梁老师讨论，接受他的指点与建议。课后为了让学生更好地巩固所学知识，我给班级分成了学习小组，由小组当中的每名成员定期汇报本小组的学习情况。由于自己跟他们的年龄差不多，课下经常找一些同学谈心交流，了解他们学习上的困难，利用课余时间给学生们答疑解惑。

由于自己是一名新教师，经常有督导专家来听课，每次被听课之后我都会和听课的专家进行细谈，听取他们的意见，在教案上注明，如果是关于教学方法的就在以后的教学中改进。一年的辛苦，我教的07级土木工程专业的35名学生取得了比较理想的考试成绩，给了我很大安慰。数学是一门很抽象的学科，有许多让学生不容易理解的定义及定理，我通过研究来用通俗的语言阐明高深的理论；用物理模型的工程实例摘掉了数学抽象神秘的面纱，让学生在理解理论知识的同时知道数学的实际应用，从而提高了学生学习数学的兴趣和积极性，达到了教学的真正目的。另外，在教学中尽量体现数学的思维过程并加强对学生的思维能力的训练，在教学实践的基础上写了2篇教学论文。

对“高等数学”课程熟悉了之后，我开始给自己一个新的压力，开始接受本科的“线性代数”的教学。在开这门课之前，督导专家梁在中老师和高旅端老师给了我深切的指导，听了我的试讲，并给我指出了存在的问题以及如何改进的建议。

在实验学院5年的教学工作中，虽然工作很辛苦，但我看到了自己一步一步地对教学有了更深的认识以及收获，自己的工作得到了领导的认可，2009—2011年连续三年获得“优秀教师”的荣誉。2011年数学教研室申请了两项院级教育教学项目，我都参与其中，我决心在这两项课题研究的过程中不断总结教学经验，探索教学规律，改变教学观念，提高教学水平，做一名合格的老师。在此，特别要感谢引领我教学生涯起步的督导组的专家们，尤其是我的指导教师梁在中教授。

作者：杨晓霞，2006年至今任北京工业大学实验学院数学教研室教师。

督导专家助我加速成长

郭瑞莲

记得那是在2008年4月的某一天，在我博士毕业前夕，我第一次踏入实验学院，首先映入我眼帘的是在那典雅小楼上方的“树高水平大学之帜，走有特色教育之路”一行大字，看到这务实的教学目标，我仅是心中一热；但当我读到路边宣传栏中“育人为本、德育为先”的教学理念时，眼前这所陌生的校园突然使我感到亲近起来，与我的人生信条“以德服人”竟不谋而合！那一瞬间，感觉我这株随心意漂泊了多年的睡莲也许会在这里扎根、落地成家！随后，我漫步到教学楼后面那温馨的小亭、宁静的小湖、宽敞的食堂、干净的操场，还有那个上档次的游泳馆。我一直认为一个校园的人文环境体现了这个学校的人性理念，一旦学校拥有了浓郁的人文环境气息，那么学校就能够以一种“润物细无声”的方式，通过最有力量的文化，去影响和熏陶教师和学生，最终使之内化为师生的实践内驱力。

2008年7月1日，我拿着报到证正式来学院报到上班，让我感触最深的是这里的领导没有我以前领导的“官架子”。为我办报到手续的学院办公室穆怀勇主任对工作不厌其烦，我还以为他是一位普通的办事人员呢；来到机电系报到后，冯晋友主任更是对我照顾有加。我记得很清楚，那是很闷热的一天，冯老师带我到总务处、图书管、医务室等部门办理相关手续，他跑上跑下，汗流满面，我真是心存感激，一种被别人重视的感觉油然而生！我一直都是很容易被细节打动的人，别人对我的一些细小的不经意的关怀都会让我感动不已。此时，学院用她那诚挚的心灵，使我在情感上真切地感到了温暖、愉悦，在精神上得到了满足！我暗下决心，在这里，我会用认真务实的工作态度来回报你！

我是机电工程系的一名教师，系的办学规模很小，小到仅有一个汽车运用技术专业，但机电工程系始终朝着做大做强的目标前进。回顾来学院的这三年教学工作，我从心里感谢一个人——那就是校教学督导组的周大森教授。与周教授第一次相识是在2007年的北京内燃机学会上，当时周教授作为学会理事长主持会议，周教授那博学的知识、平易近人的话语在那一刻给我留下了很深的印象。随后，我很荣幸地请到周教授作为我博士论文答辩委员会的主席，使我们的师生缘分更近了一步，可以说，在对实验学院毫无了解的情况下，就是凭着对周老师的信任，使我义无反顾地选择了这里。

虽然我做了多年的汽车专业教师，但是由于汽车行业是一个技术日新月异、层出不穷的领域，随着世界各大汽车公司纷纷在我国投资兴办以轿车为主的公司，当今我国汽车工业已经融入国际汽车大市场，汽车已经成为集机械、电子、信息与控制技术于一体的机电一体化产品。相对于这个大环境，我仅有的专业知识是很浅薄的、很落后的，在我来到学院的第一个学期，除了上“汽车使用技术”、“专业英语”两门课外，便是跟着周老师做“汽车电控技术”这门课程的助教。周老师认认真真地教，我仔仔细细的学，这几年下来，“汽车电控技术”终于成为我的主讲课程，并把它做成了学院的精品课程。随后，又为周老师开的“汽车评估”、“汽车新能源技术”、“汽车回收再利用”等在汽车领域急需的新课程助课，大大拓展了自己的专业领域，开阔了知识面。随后，又在周老师的帮助下，发表了多篇论文，主编了我的第一本书《汽车电控系统原理与故障分析》，完成了学生节能车的科技创新工作……在这里，我由衷地对周老师道一声“谢谢”！

来学院已经三年了，三年时间在人一生中也许是短短的一瞬间，但我感觉这三年的收获比以往任何阶段的收获都大。忘不了那些督导专家们认真随堂听课的身影，是你们的谆谆教导，让我有了随时提高课堂授课能力的机会。忘不了实验室里李书臣老师熟练操作各种试验台架时的神情，是您那不厌其烦的教诲，才让我的实践动手能力有了显著的提高。忘不了在学院帮助下，女儿、老公的北京户口的问题得到顺利解决，从而为他们顺利地考入理想大学与走上喜欢的工作岗位创造了先决条件。

作者：郭瑞莲，北京工业大学实验学院，机电工程系讲师。